유월의 거리

생생 현대사 동화 1980년대 ❷
유월의 거리

초판 1쇄 인쇄 2025년 5월 16일 | 초판 1쇄 발행 2025년 5월 23일
지은이 남찬숙 | **그린이** 김선배 | **펴낸이** 방일권
펴낸곳 별숲 | **출판신고** 2010년 6월 17일 | **주소** 경기도 파주시 광인사길 115, 203호
전화 031-945-7980 | **팩스** 02-6209-7980 | **전자우편** everlys@naver.com

ⓒ 남찬숙, 김선배 2025

ISBN 979-11-92370-86-6   74810
ISBN 979-11-92370-48-4   (세트)

- 이 책 내용의 전부 또는 일부를 사용하려면 반드시 저작권자와 별숲 양측의 서면 동의를 받아야 합니다.
- 책값은 뒤표지에 표시되어 있습니다.
- 잘못된 책은 바꾸어 드립니다.
- 별숲 블로그 blog.naver.com/everlys 별숲 인스타그램 @byeolsoop_insta
- KC마크는 이 제품이 공통안전기준에 적합하였음을 의미합니다.

작가의 말

지난 2024년 12월 3일 한밤에 불법적인 계엄령이 내려졌을 때, 아직 출간되지 않은 이 책 《유월의 거리》가 떠올랐습니다. 최루탄 냄새가 진동하던 시위 현장, 사람들의 함성이 영화 속 한 장면처럼 머릿속에서 나타났다 사라졌고, 그 순간 느꼈던 공포와 희망의 감정도 다시 고스란히 느껴졌습니다. 그리고 바로 다음 순간, 지금 대학에 다니는 딸아이가 걱정됐습니다. 그래도 어느 정도 민주주의가 잘 정착된 안전한 나라라고 생각했는데 갑작스러운 계엄령에 모든 것이 와르르 무너져 내리는 느낌이었습니다.

다행히 계엄령은 그 밤에 해제되었고, 불법 계엄을 행했던 대통령은 파면되어 재판을 받고 있습니다. 모든 것이 다시 제자리로 돌아간 것 같아서 기쁘기도 했으나, 또다시 이런 일이 반복되었다는 것에 놀란 가슴은 쉬이 진정되지 않습니다. 그리고 다시 한번 깊게 깨달았습니다. 우리가 누리고 있는 자유와 권리가 당연한 것 같으나, 우리가 눈을 부릅뜨고 지키지 않으면 언제든 사라질 수도 있다는 것을 말입니다.

《유월의 거리》는 1980년대를 살아간 사람들과 '유월 민주 항쟁'에 대한 이야기입니다. 당시의 사람들은 모두 각자의 자리에서 열심히 살았습니다. 그중 어떤 사람들은 앞장서서 군사 독재와 싸우기도 했습니다. 부모님은 먹고사느라 아이들 가르치느라 정신이 없었던 터라 많은 젊은이가 그 싸움에 앞장섰습니다.

이 책을 쓰면서 제 젊은 시절이 떠올랐습니다. 저는 1980년대 한가운데에서 대학을 다닌 터라, 이 책에 나오는 여러 사건을 직접 제 몸으로 체험했습니다. 책에 담긴 저의 경험이 이 책을 읽는 어린 친구들에게 잘 전달되면 좋겠습니다. 우리가 당연하다고 여기며 누리는 것들이 과거에 많은 사람이 투쟁해서 얻은 결과물이고, 우리가 지키지 않으면 언제든 또 도둑맞을 수 있다는 것을 친구들이 느끼면 좋겠습니다. 소중한 우리 민주주의를 친구들이 앞장서서 지키면 좋겠습니다. 그래서 지난겨울에 일어난 불법 계엄령 같은 역사가 다시는 되풀이되지 않기를 바랍니다.

2025년 5월 23일 안동에서
남찬숙

차례

1. 이사 ············ 9

2. 가출한 언니 ········ 28

3. 운동회 ·········· 46

4. 촌지 소동 ········· 66

5. 싸움 ············ 81

6. 서울 구경 ············ 96

7. 사랑의 매 ············ 113

8. 유월의 거리 ············ 129

9. 명동 성당 ············ 140

10. 끝과 새로운 시작 ·· 156

1
이사

오늘은 내 친구 경미네가 이사하는 날이다.
"서둘러라. 얼른 가자."
아빠가 먼저 나가며 엄마와 나를 재촉했다.
아빠는 경미네 이사를 돕기 위해 쌀집 아저씨네 용달차를 빌렸다. 나는 엄마 아빠와 함께 용달차를 타고 경미네로 갔다. 아빠가 숙희네 가게 앞에 차를 세우자마자 가게 아주머니가 달려 나와 반갑게 인사를 했다.
"아이고, 이게 누구야. 정말 오랜만이네."
"그동안 잘 지내셨어요?"
엄마와 아빠가 가게 아주머니와 인사를 나누는 사이에

나는 먼저 경미네 집으로 향했다.

경미네가 사는 산동네는 내게도 아주 익숙한 곳이다. 시골에서 맨몸으로 올라온 엄마 아빠는 이 산동네 방 한 칸에서 서울살이를 시작했다. 그리고 우리 집에서 막내인 나는 이 산동네에서 태어났고, 이곳에서 국민학교 3학년 때까지 살았다.

산동네의 비탈길을 올라가는데 기분이 이상했다. 시끌벅적 애들 소리가 온종일 들렸던 동네는 쥐 죽은 듯 조용했다. 영철이네도 빈집, 정숙이네도 빈집, 점순이 언니네도 빈집. 여기도 저기도 빈집이어서 그런지 대낮인데도 으스스한 기분마저 들었다. 영철이랑 정숙이는 잘 지내고 있을까? 경기도 어디로 이사 간다고 했는데.

이 동네는 대문도 없고 문도 없는 작은 집들이 산비탈을 따라 다닥다닥 붙어 있다. 그래서 좁은 비탈길을 걷다 어느 집이든 쑥 내 집처럼 들어갈 수 있었고, 온 동네 사람들이 서로서로 가족처럼 챙겨 주며 살던 곳이다.

그러나 이 동네 집들은 나라 땅에 허가를 받지 않고 지은 무허가 집들이다. 그래서 내가 어릴 때도 철거를 한다는 계고장이 가끔 날아왔고, 그때마다 어른들이 불안해했다. 그래도 지금까지 별일 없이 살았는데 이젠 진짜 철거를 당하게 된 것이다. 이 동네와 비슷한 옆 산동네는 벌써 철거가 시작됐다. 옆 산동네 사람들은 철거하러 온 사람들을 막으며 싸우다가 다치기도 했다고 한다. 처음엔 죽어도 안 된다며 버티자고 했던 이 동네 사람들도 옆 동네가 철거당하는 것을 보고는 얼마 안 되는 보상금을 받고 봄부터 떠나기 시작했다.

경미네는 다행히 멀리 가지 않고 우리 집이 있는 산 아랫동네에 집을 얻었다.

"그럼 경미랑 헤어지지 않아도 되네!"

나는 그 소식을 듣고 너무 기뻐서 팔짝팔짝 뛰었다.

경미네 집이랑 우리 집은 비탈길을 사이에 두고 나란히 마주 보고 있었는데, 경미도 나처럼 이 산동네에서 태어났다. 우리는 그야말로 서로 기억도 못 하는 갓난아기 때부터 지금까지 둘도 없는 친구 사이다. 이름마저도 나는 미경이, 경미는 내 이름을 거꾸로 한 경미다. 우리만 그런 게 아니라 경미네 언니 경순이 언니랑 우리 언니도 아주 친하다. 십 년 넘게 좁은 길을 사이에 두고 마주 보고 살아온 경미네랑 우리 가족은 정말 친척보다 더 가까운 사이다.

경미네 집에 도착하니 마당에 이불 보따리며 옷 보따리며 냄비 같은 것들이 나와 있었다.

"미경아, 어서 와."

방문을 활짝 열어 놓고 짐을 정리하고 있던 경순이 언니가 반갑게 인사를 했다.

이제 고작 국민학교 2학년인 경철이도 언니를 돕고 있었고, 만날 막걸리만 마시던 경미네 아빠도 오늘은 이삿짐을 싸느라 바빠 보였다. 그런데 무슨 일인지 경미는 이삿짐 싸는 것을 돕지 않고 평상에 앉아 울고 있었다.

"경미야, 왜 그래?"

"엄마가 이사 가는 집에 마당이 없다고 메리를 두고 간대. 내일 개장수 아저씨가 와서 데리고 갈 거래."

"……."

경미가 울고 있는 이유를 알고 나니 뭐라고 위로를 해 줄 말이 딱히 떠오르지 않았다.

우리도 여기서 살 때 여러 마리 개를 키웠었다. 럭키, 해피, 복실이 등등. 그런데 개가 좀 크면 할머니가 말도 없이 개장수한테 팔아 버렸다. 학교에서 돌아와 텅 빈 개집을 볼 때마다 나도 경미처럼 펑펑 울었었다.

아무것도 모르는 메리는 나를 보며 꼬리를 살랑살랑 흔들었다. 메리는 원래 봄에 이사 간 영철이네 개가 낳은 강아지 중 한 마리였다. 영철이네가 이사 가면서 개장수한테 새끼들까지 다 팔려고 했는데, 새끼 한 마리를 경미가 데려와서 키운 것이었다. 아직 일 년도 채 안 된 어린 개인데 개장수한테 팔려 간다고 생각하니 너무 불쌍했다.

"미경이 왔구나. 엄마랑 아빠는?"

내 목소리를 들었는지 경미네 엄마가 부엌에서 나오며 물었다.

"곧 오실 거예요. 숙희네 가게 아주머니 만나서 인사하고 계셔서 저 먼저 왔어요."

"그래? 서둘러야겠구나."

경미네 엄마는 맘이 급한 듯 다시 부엌으로 들어가려다 말고 경미를 보고 한 소리를 했다.

"이제 다 울었어? 그게 그렇게 울고불고할 일이야? 사람 살 집도 겨우 구했는데. 그러게 그때 우리도 언제 이사 갈지 모르니까 안 된다고 했지? 우리 이사 갈 때까지만이라도 키우게 해 달라고 네가 하도 울고불고해서 허락한 거였잖아."

"그때는 그때고, 지금은 지금이지."

"아이고, 내가 말을 말아야지. 그만 울고 빨리 일어나서 언니 짐 싸는 거 돕지 못해!"

경미네 엄마는 화가 나서 소리를 버럭 질렀다.

"싫어. 나도 이사 안 갈 거야. 여기서 메리랑 살 거야!"

경미도 지지 않고 바락바락 소리를 질렀다.

"아니, 왜 그래요?"

그때 아빠와 엄마가 도착했다.

아빠는 경미네 엄마에게 대강 이야기를 듣고 나더니 단번에 해결책을 내놓았다.

"경미야, 그럼 아저씨가 메리 키울게. 넌 우리 집에 놀러 와서 메리 보면 되잖아."

"정말요? 정말이죠? 아저씨!"

경미는 아빠 말에 울음을 뚝 그치고 팔짝팔짝 뛰며 좋아했다.

그러나 나는 아빠의 해결책이 완벽하게 느껴지지 않았다. 메리를 데려다 키우는 건 좋지만, 메리가 좀 자라면 할머니가 또 말도 없이 개장수한테 팔 게 뻔하다. 그런 일을 또 겪기 싫다. 그래서 아빠 말에 반대했다.

"안 돼. 아빠!"

"뭐? 넌 또 왜?"

아빠가 눈이 동그래져 나를 보며 물었다.

"데려다 키워 봤자 할머니가 또 개장수한테 팔 거잖아. 메리 데려다 키울 거면 아빠가 약속해. 할머니가 개장수한테 팔지 못하게 한다고. 그러지 않으면 난 절대 반대야!"

내 말에 아빠는 어이없다는 듯 웃음을 터트리며 말했다.

"아이고, 알았다, 알았어. 아빠가 할머니한테 말할게. 절대 메리 팔지 말라고. 그럼 된 거지?"

아빠가 경미와 나를 번갈아 보며 물었다.

"네!"

우리는 활짝 웃으며 아빠에게 대답했다.

"아저씨, 아무래도 얘들이 '메리 구출 작전'을 미리 짰나 봐요."

방에 있던 경순이 언니가 웃으며 말했다.

"언니, 그건 아니거든."

"우리는 원래 마음이 이렇게 잘 통하거든."

경미와 나는 서로 마주 보고 웃으며 말했다.

"아이고, 저것들은 언제 철이 들려나 몰라."

경미네 엄마와 우리 엄마가 혀를 끌끌 차면서 우리를 보며 웃고 말았다.

이렇게 한바탕 소란이 끝난 뒤에 이삿짐 나르기가 시작

됐다. 경미와 나는 제법 큰 옷 보따리를 둘이서 낑낑거리며 들고 내려가 숙희네 가게 앞에 내려놓았다. 그리고 다시 올라와 끈으로 묶어 놓은 냄비들을 같이 들고 아래로 내려갔다. 경철이도 자기가 들 수 있는 작은 짐을 들고 몇 번이나 오르락내리락했다. 경순이 언니도, 우리 엄마와 경미네 엄마도 부지런히 짐을 날랐다. 우리가 들기 무거운 짐은 우리 아빠와 경미네 아빠가 날랐다. 웃거나 떠드는 사람은 아무도 없었다.

문득 이 년 전 우리 집 이사할 때가 떠올랐다.

"아이고, 미경이 아버지, 정말 축하해요."

"미경이 아빠 사우디 가서 몇 년을 고생해 노량진 수산 시장에 가게를 차려 사장님이 되더니, 이젠 번듯한 집까지 마련하고. 이 동네에서 미경이네가 제일 성공했네."

우리 집이 이사할 때는 온 동네 사람들이 모두 나서서 이삿짐을 날라 주었고, 우리가 산 아랫동네에 대문 달린 번듯한 집을 사서 이사 가는 것을 자기 일처럼 기뻐해 주고 축하했다. 그래서 우리 가족이 이사하는 날은 꼭 동네 잔칫날

같았는데, 경미네가 이사하는 오늘은 웃고 떠드는 사람도, 잘 가라고 인사해 주는 사람도 없어 너무 쓸쓸했다.

마지막 남은 장롱 한 짝을 아빠와 경미네 아빠가 들고 내려가자 경미네 엄마가 울음을 터트렸다.

"형님······."

엄마가 말없이 경미네 엄마 손을 잡았다.

"그래도 이 집은 우리 집이라고······ 없이 살아도 마음 편히 살았는데······ 이제 또 셋방살이를 해야 할 처지라니······ 뭔 놈의 팔자가 이 모양인지······."

경미네 엄마는 눈물을 닦으며 우리 엄마에게 하소연했다.

"기운 내세요, 형님. 셋방이라도 저 아랫동네에다 얻으셨잖아요. 다른 집들은 다 서울 밖으로 나간걸요. 셋방 얻는데 경순이가 그동안 모은 돈 다 보탰다면서요. 경순이가 저렇게 야무지고 똑똑하니까 앞으로 다 잘될 거예요. 그만 울고 같이 내려가요."

엄마는 경미네 엄마를 부축해 내려가며 경미와 나를 보

고 말했다.

"너희들은 메리 데리고 집에 가 있어. 짐 정리하고 데리러 갈게."

우리가 메리를 끌고 내려가니 숙희네 가게 아주머니랑 어른들이 인사를 나누고 있었다.

"이제 다시 얼굴 보기 힘들겠네. 다들 잘 지내고 건강하게 살아."

"네, 아주머니도 이사 잘하세요. 그래도 아들이 사는 동네로 가신다니 잘됐어요."

숙희네 가게가 없어진다고 생각하니 나도 서운한 마음이 들었다. 어렸을 때, 내게 숙희네 가게는 그야말로 천국 같은 곳이었다. 맛있는 과자, 하드, 사탕……. 숙희네 가게에는 내가 좋아하는 것들로 가득해서, 우리 집이 숙희네 가게였으면 좋겠다고 생각할 정도였다.

숙희네 가게 아주머니는 경미네 엄마에게 묵직한 봉지 하나를 건넸다. 그리고 우리에게도 쭈쭈바를 하나씩 나누어 주었다.

"이게 다 뭐예요?"

"사이다랑 콜라랑 좀 담았어. 짐 정리하고 마시라고. 그리고 빨랫비누도 몇 개 넣었고. 이사 간 집에서 돈 많이 벌고, 집도 사고, 부디 잘 살아."

"아휴, 정말 감사해요. 그동안도 잘 챙겨 주셨는데……."

"그나저나 나도 이사 가고 이 가게도 문 닫으면 경미 아버지는 어디 가서 막걸리를 마시나. 아예 이참에 술도 딱 끊고 다시 예전처럼 살면 좋으련만……."

"그럼 더 바랄 게 없지요."

어른들의 인사는 끝이 없을 것 같았다.

나는 쭈쭈바를 빨면서 경미와 경철이, 메리를 데리고 우리 집으로 갔다. 메리를 마당에 있는 감나무에 묶어 놓고, 배가 고프다는 경철이에게 라면을 끓여 주었다.

얼마 뒤 경순이 언니가 와서 새로 이사한 집으로 우리를 데리고 갔다. 경미네가 새로 이사한 곳은 우리 집에서 십오 분 정도 걸어가면 되는 곳이었다. 골목도 우리 골목보다 훨씬 넓었고, 골목 양쪽의 집들도 우리 집보다 훨씬 더 좋은 이층집이었다. 분명 돈이 없어서 셋방을 간신히 구했다고 했는데 이런 곳에 집을 구했다니 조금 이상했다.

그러나 새로 구한 경미네 집은 그 이층집들의 멋진 대문 안에 있는 게 아니었다. 경순이 언니는 큰 대문이 달린 이층집 담 끝에 달린 쪽문을 열고 들어갔다. 그 문으로 따라 들어갔더니 바로 계단이 나타났다. 계단 밑에는 한 사람이 겨우 지나갈 만한 좁은 통로가 있었고, 그곳에 경미네 집이 있었다. 방은 두 칸이었고, 부엌은 우리 집처럼 집 안에 있기는 했지만 아주 비좁았고, 거실도 없었다. 화장실은 옆에 따로 붙어 있었다. 방 안은 낮인데도 불을 켜야 할 정도로 어두웠고, 작은 창이 위쪽에 있었는데 그 창으로 주인집 마당이 보이고 지나다니는 사람의 발도 보였다. 마치 땅속에 있는 집 같았다. 이런 집이 있다니, 나는 너무 충격을 받았다. 경미도 얼굴이 굳어 아무 말도 하지 않았다.

"우리는 그만 가 볼게요."

아빠와 엄마는 내가 도착하자 자리에서 일어났다.

"아이고, 미경이 아빠, 오늘 정말 고생했어요."

"아저씨, 아주머니, 도와주셔서 감사해요."

경미네 엄마와 경순이 언니는 우리 엄마와 아빠에게 몇 번이나 고맙다는 인사를 했다.

우리는 아빠가 빌려온 용달차를 타고 집으로 향했다.

"아빠, 경미네 집은 왜 땅 밑에 있어? 저런 곳에서 답답해서 어떻게 살아?"

"답답해도 적응하며 살아야지."

"차라리 산동네 집이 훨씬 나은데?"

"나라에서 철거를 한다니 별수 있나. 저런 집도 못 구해 서울 떠나는 사람들도 많아."

아빠가 어쩔 수 없다는 듯이 말했다.

"아휴, 경미네 아버지 사고만 아니었어도. 아까 형님 우는데 어찌나 마음이 아프던지……."

경미네 아빠는 예전에는 아주 솜씨 좋은 목수였다고 한다. 그런데 나와 경미가 아주 어릴 때 공사장에서 사고로 머리를 다치면서 아이처럼 변했고, 그 뒤로는 제대로 된

일을 하지 못했다. 가끔 쌀집 아저씨나 연탄 가게 아저씨가 맡긴 배달 일을 해서 푼돈을 벌 뿐이었다.

"그래도 경순이 덕에 저런 집이라도 얻었으니 다행이지."

"맞아요. 경순이가 지 아버지 대신 가장 노릇을 톡톡히 하네요."

아빠와 엄마는 경순이 언니 칭찬을 했다.

엄마 아빠 말대로 경미네가 서울을 떠나지 않을 수 있었던 건 모두 경순이 언니 덕이다. 아저씨가 그렇게 된 뒤에 큰딸인 경순이 언니는 중학교를 졸업하자마자 공장 사무실에 취직을 해 돈을 벌면서 야간 상업 고등학교를 다녔다. 원래도 공부를 잘했던 경순이 언니는 야간 상업 고등학교에서도 만날 일 등만 하더니 졸업도 하기 전에 명동에 있는 큰 회사에 취직을 했다. 그리고 회사를 다니며 악착같이 모은 돈을 이번에 집을 구할 때 보탰다고 한다.

"경순이는 저렇게 의젓하게 가족들을 건사하는데, 우리 미숙이는……."

엄마는 경순이 언니 이야기 끝에 언니 이야기를 꺼내며 땅이 꺼지게 한숨을 쉬었다.

"……."

아빠는 엄마 말에 얼굴이 굳어 아무 말도 하지 않았다.

언니를 생각하니 나도 한숨이 절로 나왔다.

2
가출한 언니

언니는 아빠와 싸운 뒤 집을 나가서 벌써 삼 주째 소식이 없다. 덕분에 나는 여름 방학인데도 하나도 즐겁지 않다. 엄마는 언니가 집을 나간 뒤 소화가 안 된다며 매일 약을 먹고 있다. 아빠는 엄마가 언니 걱정을 하면 버럭 화부터 낸다. 언니 때문에 우리 집 분위기는 그야말로 엉망진창이다.

아빠가 그토록 바라던 서울대는 아니어도 서울의 명문 대학에 들어간 오빠와 언니는 아빠의 자랑이었고, 나에게도 자랑이었다. 아빠는 오빠가 대학에 합격했을 때, 오빠에게 몇 번이나 같은 당부를 했다.

"대학교 가서 절대 데모는 하면 안 된다. 다른 건 다 해도 괜찮은데 데모는 절대 안 돼! 데모하는 것들은 다 정신 상태가 이상한 것들이야. 부모들이 뼈 빠지게 고생해서 대학에 보냈으면 공부를 해야지, 학생이 나랏일에 뭐 하러 참견을 해."

아빠는 건너 건너 아는 집 아들도 서울대에 다니다 데모를 하는 바람에 경찰서에 잡혀가 고생을 하고 군대에 끌려갔다는 이야기도 했다.

다음 해에 언니가 여자 대학에 합격했을 때, 아빠는 오빠에게 했던 걱정 같은 건 조금도 하지 않았다.

"여대생들이 무슨 데모를 하겠어. 그리고 네 언니처럼 순하고 얌전한 애가 세상에 어디 있다고. 그런 애가 무슨 데모를 해."

아빠가 데모할까 봐 그렇게 걱정했던 오빠는 대학가요제에 나간다며 기타를 메고 다니다가, 예선에서 떨어지더니 올봄에 군대에 갔다. 그런데 정작 아빠가 데모 같은 건 절대 하지 않을 거라 안심했던 언니가 데모를 하면서 우리 집을 발칵 뒤집어 놓았다.

언니가 달라지기 시작한 것을 가장 먼저 느낀 것은 함께 방을 쓰는 나였을 것이다. 그러니까 언니가 대학에 들어간 작년 사월 어느 날 밤이었다. 학교에서 돌아온 언니에게서 생전 처음 맡아 보는 희한한 냄새가 났다.

"콜록콜록, 언니, 언니 옷에서 이상한 냄새 나."

"그래? 최루탄 냄새인가 보다. 얼른 옷 벗을게."

"최루탄? 언니 데모했어?"

나는 깜짝 놀라 언니에게 물었다.

"아니야. 구경만 했어. 오늘이 사일구 혁명 기념일이잖아. 너도 사일구 혁명이 뭔지 알지? 이승만 대통령이 계속 대통령을 하려고 법도 마음대로 고치고 불법 선거를 해서, 학생들이 시위를 해 이승만 대통령을 쫓아냈잖아. 그래서 오늘 학생회에서 기념 집회를 하기에 구경했거든. 집회가 다 끝나고 선배들이 밖으로 행진을 나가기에 따라가 봤는데, 전경들이 교문 앞에 와 있는 거야. 그러더니 선배들이 교문 밖으로 나가려는데 느닷없이 최루탄을 쏘지 뭐야."

"왜?"

"나도 몰라. 사일구 혁명 기념 행진에 최루탄까지 쏘는 건 너무한 거 아냐? 아무래도 이유를 알아봐야겠어."

심각한 얼굴로 말하는 언니를 보니 살짝 걱정됐다.

"언니…… 설마 데모를 하겠다는 건 아니지?"

"아냐, 그냥 왜 그러는 건지 알고 싶어서 그래."

바로 그날부터 언니는 조금씩 달라졌다. 가장 먼저 달라진 것은 언니가 읽는 책이었다. 언니는 그 전에《제인 에어》《노트르담의 꼽추》같은 오래된 서양 소설들을 좋아했는데 그날 이후 다른 책들을 읽기 시작했다. 제목에 주로 역사나 민주주의 같은 말들이 들어간 책들이었다. 그 책들은 언니가 평소 좋아했던 소설책보다 훨씬 더 딱딱하고, 더 어려운 것 같았다. 그런 책을 읽기 시작한 뒤로 언니는 토요일마다 책을 읽고 토론하는 모임에도 나갔다.

"어릴 때부터 그렇게 책을 좋아하더니 대학 들어가서도 책 읽는 서클에 들어가네. 너도 언니처럼 책 좀 열심히 읽

고, 공부도 좀 열심히 해. 그래야 언니처럼 좋은 대학에 들어가지."

아빠는 그런 언니를 보며 흐뭇하게 웃으면서 내게 잔소리를 하곤 했다.

그리고 오월 어느 일요일 저녁에 언니가 저녁 식사 자리에서 아빠에게 이상한 질문을 했다.

"아빠, 1980년에 광주에서 무슨 일이 있었는지 알고 계셨어요?"

"뭐? 광주……. 난 모른다. 다 지난 일을 알아서 뭐 하려고……."

아빠는 언니의 질문에 몹시 당황한 얼굴이 되더니 말을 얼버무렸다.

"학교에서 광주에서 찍었던 사진이랑 영상들을 봤어요. 광주면 아빠 고향하고도 멀지 않은 곳이잖아요. 그런 끔찍한 일이 있었는데 아빠는 모르셨단 거예요?"

"내가 고향 떠난 지가 몇 년인데…… 광주가 가까워도 내 고향도 아니고. 거기서 뭐 안 좋은 일이 있었다는 건

듣기는 들었다만, 그건 광주 사람들이 괜한 일에 나서서 그렇게 된 거다."

"광주 사람들이 민주화 요구를 한 게 왜 괜한 일이에요? 군인들이 민주화를 요구하는 우리 국민을 그렇게 죽인 게 말이 돼요?"

"군인들이 왜 우리나라 국민을 죽여?"

나는 깜짝 놀라서 언니에게 물었다.

"그게 그러니까……."

언니는 내게 무슨 말을 해 주려고 했지만 할 수가 없었다. 아빠가 언니에게 버럭 호통을 쳤기 때문이다.

"애 듣는데 이상한 소리 그만해라. 도대체 학교에서 왜 그런 이상한 영상을 보여 주는 거냐? 괜히 그런 거 보지 말고 그냥 조용히 학교나 다녀라."

"아빠, 그걸 보고도 어떻게 조용히 학교만 다녀요? 제가 그 영상 보고 얼마나 충격받았는지 아세요? 국민을 죽인 사람이 대통령이 되어 있는데 그냥 보고만 있으라고요?"

"아, 글쎄, 그건 다 지난 일이야. 나라 정치에 괜히 나

섰다가는 그 사람들처럼 되는 거야. 그러니 너도 아무 소리 말고 그냥 얌전히 학교나 다녀. 정치는 정치하는 사람한테 맡겨 두라고. 다시는 그런 거 보지 마라. 그런 거 보라고 우리가 고생하면서 너 대학 보낸 거 아니니까."

아빠는 언니 말에 엄포를 놓았다.

그날부터 아빠는 언니가 무엇을 하고 다니는지 꼬치꼬치 캐묻기 시작했고, 언니는 언니대로 아빠에게 거짓말을 하는 것 같았다. 그렇게 아슬아슬한 분위기가 계속 이어지다 기어이 일이 터지고 말았다. 언니가 학교에서 데모를 하다 경찰서에 잡혀간 것이다. 아빠는 얼굴이 하얗게 질려 경찰서로 달려가 훈방으로 풀려난 언니를 데리고 왔다.

"네가 멋모르고 운동권 선배들 꼬임에 빠진 모양인데, 너도 이번에 잡혀가서 알았지? 괜히 그런 일에 나섰다가는 큰일을 치르게 된다는 걸. 앞으로는 데모하는 데는 얼씬도 하지 마라. 나 참, 기가 막혀서. 네 오빠도 하지 않는 데모를 겁도 없이 왜 네가 하고 다녀? 이번에 좋은 경험 했다고 생각하고 다시는 그러지 마."

그때는 아빠도 언니를 크게 야단치지 않았고, 언니도 놀라서 그랬는지 아무 말도 하지 않았다.

"경찰서에 갔더니 얼마나 울었는지 눈이 퉁퉁 부어 있더라고. 지도 많이 놀라고 무서웠겠지. 이번에 혼이 났으니 앞으로는 안 그럴 거야."

아빠는 언니가 겁이 나서 데모를 그만둘 거라고 말했다.

나도 아빠 말대로 언니가 그러기를 바랐다. 언니가 하는 일이 옳은지 그른지 그건 잘 모르겠지만 경찰서에 잡혀갈 만큼 위험한 일을 하는 건 싫었다. 그러나 이번에도 아빠의 예상은 틀렸다. 언니는 그 뒤로도 데모를 그만두지 않았다.

"너랑 아무 상관 없는 일이다. 정치는 정치인에게 맡겨. 그래 봐야 너만 손해야. 너희들이 아무리 그래 봐야 세상은 달라지지 않아."

그래 봐야 너만 손해야!

그래 봐야 세상은 달라지지 않아!

아빠는 늘 이런 말로 언니를 설득하려 했다. 나는 아빠를 보면서 언니가 하는 일이 나쁜 일이 아니라는 걸 어렴풋이 깨달았다. 만약 언니가 하는 데모가 정말 옳지 않은 일이었다면, 아빠는 겨우 그딴 말로 언니를 설득하려 하지 않았을 것이다.

그러다 한 달쯤 지나서 방학인데도 학교에 간다며 나갔던 언니가 상계동 철거를 반대하는 유인물을 뿌리다 또 경찰서에 잡혀갔다. 이번에는 바로 나오지 못하고 즉결 심판을 받고 사흘이나 유치장에 있다 집에 돌아왔다.

"아니, 대체 상계동 철거랑 너랑 무슨 상관이라고 그러는 거냐?"

유치장에서 언니를 데려온 날, 화가 난 아빠가 언니에게 소리쳤다.

"그럼 힘없는 사람들이 그냥 거리로 쫓겨나는 걸 보고만 있어요?"

"나라에서 어련히 다 알아서 할까. 왜 네가 그런 일까지 나서?"

"우리도 얼마 전까지는 비슷한 처지였잖아요. 아빠도

예전에 철거한다는 종이가 날아올 때마다 걱정했었잖아요. 우리가 살던 동네도 지금 철거를 당할 처지이고, 경순이네도 그것 때문에 힘들잖아요."

"경순이네 힘든 거는 나도 안타깝다. 하지만 아빠랑 엄마는 열심히 일해서 산동네를 벗어났잖아? 누구나 열심히 살면 그런 처지에서 벗어날 수 있어. 네가 상관할 일이 아니야."

"아무리 열심히 살아도 벗어나기 힘든 사람들도 있어요. 경순이네도 그러잖아요. 아저씨 사고로 경순이가 얼마나 고생했는지 아빠도 아시잖아요. 경순이네가 열심히 안 살아서 어려운 게 아니잖아요. 그리고 나라가 왜 있는데요? 가난하고 힘없는 사람들은 국민이 아닌가요? 오히려 그런 사람들을 더 보호해야 하는 거잖아요."

"하……."

아빠는 언니가 또박또박 대꾸하는 말에 말문이 막혀 아무 말도 하지 못했다.

아빠는 최후의 수단으로 언니에게 학교를 휴학하라고

했다. 그러자 언니는 집을 나갔고, 지금까지 돌아오지 않고 있다. 처음에는 언니를 찾으러 이곳저곳 다니던 아빠도 이젠 언니 찾는 걸 포기했다. 언니는 딱 한 번 집에 전화를 했는데, 아빠가 그때 다시는 집에 들어올 생각을 말라며 소리를 질렀다.

나는 언니에게 화도 나고, 언니가 걱정되기도 했다. 도대체 어디서 뭘 하고 있을까? 오늘 경순이 언니네 집이 이사한 건 알고 있나? 이대로 영영 집에 돌아오지 않을 생각인 걸까? 언니가 집을 나간 뒤, 나는 밤마다 혼자 잠자리에 누워 언니 생각에 잠을 설쳤다.

경미네가 이사를 하고 이틀 뒤 저녁에 경순이 언니가 과일을 사 들고 우리 집에 찾아왔다.

"아주머니, 아저씨, 이사하는 거 도와주셔서 감사해요."

"아이고, 뭘 이런 걸 다 사 오고 그래. 이삿짐 정리는 다 했니?"

"네. 그런데…… 저……."

경순이 언니는 무슨 다른 할 말이 있는 것 같은데 쉽게 입을 열지 못하고 머뭇거렸다.

"왜? 이사한 집에 무슨 문제라도 있어?"

엄마가 걱정스러운 얼굴로 경순이 언니에게 물었다.

"그게 아니고요. 실은 아까 낮에 미숙이가 절 찾아왔어요."

"미숙이가? 그래, 뭐라고 하던? 대체 어디에 있대? 밥은 먹고 다닌대?"

엄마가 언니 소식에 반가워하며 물었다.

"네, 얼굴이 좀 상하기는 했어도 괜찮아 보였어요. 그리고 제가 돈도 좀 줘서 보냈어요. 보니까 돈이 하나도 없는 것 같아서……."

"돈은 뭐 하러 줘? 무슨 장한 일을 하고 다닌다고."

아빠가 못마땅한 듯이 말했다.

"그래도 걱정돼서요. 그런데 미숙이가 아저씨한테 물어봐 달래요. 정말 학교를 휴학시키실 건지……. 그걸 알아서 저한테 알려 달랬어요. 또 찾아온다면서요."

"그래? 그럼 또 찾아오면 네가 단단히 말해라. 난 딸년이 데모하고 다니는 꼴은 절대 못 보니까 휴학시킬 거라고. 그러니 앞으로는 알아서 살라고 말이다."

아빠 말에 경숙이 언니는 잠깐 말이 없더니 아빠에게 말했다.

"아저씨, 미숙이가 아빠가 계속 그러면 공장에 가겠다고 했어요. 요즘에 대학생들이 공장에 위장 취업을 많이 한대요. 노동자들과 함께 노조도 만들고 그러나 봐요. 그러다 발각되면 잡혀가고요. 아저씨, 얼마 전에 뉴스 보셨어요? 공장에 위장 취업 했던 권인숙이라는 서울대 여학생이 경찰에 잡혀가서 험한 일을 당했다는 뉴스요. 전 미숙이가 공장에 갔다가 그런 일을 당할까 봐…… 너무 걱정돼요."

경순이 언니 말에 아빠는 얼굴이 하얗게 질렸다. 나도 그 일이 무슨 일인지는 어렴풋이 알고 있었다. 평소에 욕을 하지 않던 아빠가 그 뉴스를 보면서 엄청 화를 냈기 때문이다.

"경순아, 정말 미숙이가 그렇게 말했니?"

엄마도 깜짝 놀라서 경순이 언니를 보고 물었다.

"네. 제가 보기에 미숙이는 아저씨가 바라는 것처럼 마음을 돌릴 것 같지 않아요. 그럴 바에는 차라리 집에서 학교 다니며 데모하는 게 더 안전하지 않을까요? 이러다 진짜 공장에 가기라도 하면……."

"……."

아빠는 경순이 언니 말에 아무 말도 하지 않았다.

"여보, 제발 미숙이 집에 오라고 해요. 정말 이러다 무슨 큰일을 당하면 어쩌려고 그래요."

엄마도 아빠에게 애원을 했다.

한참 만에 아빠가 결심을 한 듯 말했다.

"경순아, 미숙이한테 연락 오면 말해 줘라. 학교 다니게 해 줄 테니 집에 돌아오라고."

"정말요? 아, 정말 다행이다. 미숙이도 기뻐할 거예요. 미숙이가 아빠한테 너무 미안하다고 했거든요. 아빠랑 엄마 생각하면 자기도 마음이 아프다면서 울던걸요."

"엄마 아빠 생각한다는 애가 이러는 게 말이 되냐? 차라리 상고를 보낼 걸 그랬다. 너처럼 회사에 취직해서 참하게 있다 시집 가면 되는데, 내가 괜한 욕심을 부렸다. 그렇게 순하고 얌전하던 애가 대학 가서 누구 꼬임에 빠져 그 모양이 되었는지…….”

아빠는 허망한 얼굴로 말했다.

"아저씨 미숙이가 누구 꼬임에 빠져서 그럴 애는 아니에요. 미숙이가 얌전하기는 한데 옳지 않은 걸 보면 그냥 두고 보는 성격은 아니거든요. 어릴 때 동네 아이들이 사고 때문에 어린애 같아진 우리 아빠를 자주 놀렸었어요. 한번은 아이들이 아빠를 놀리는 걸 미숙이랑 제가 봤는데요. 전 어린애들이 뭘 몰라 그런 거니까 하고 그냥 넘어가려는데, 미숙이가 그 애들한테 얼마나 화를 내고 야단을 쳤는지 아세요? 결국은 우리 아빠한테 잘못했다고 사과를 하게 만들더라고요. 미숙이는 자기가 옳다고 생각하니까 데모를 하는 걸 거예요. 저도 처음에는 미숙이나 대학생들이 데모하는 게 복에 겨워 그런다고 생각했는데, 지금은 우리가 못 하는 일을 해 줘서 미안하고 고마운걸요."

경순이 언니가 다녀간 뒤 다음 날 저녁에 언니에게 전화가 왔다. 아빠는 언니에게 앞으로 하고 싶은 대로 하게 해 줄 테니 집에만 들어오라고 했고, 언니는 집으로 돌아왔다.

"언니, 정말 너무한 거 아냐?"

언니가 돌아온 날, 나는 언니를 쏘아보며 말했다. 언니를 보자 마음이 놓이면서도, 그동안 가족들을 걱정시킨 걸 생각하니 화가 나서 도저히 그냥 넘어갈 수가 없었다.

"미안, 나도 어쩔 수 없었어. 이렇게 안 하면 아빠가 정말 학교도 휴학시키고 날 꼼짝 못 하게 할 것 같았거든. 그래도 이렇게 무사히 돌아왔잖아."

언니는 미안한 얼굴로 말하며 배시시 웃었다.

그리고 집을 나갔던 언니가 돌아오면서 나의 뒤숭숭했던 여름 방학도 끝이 났다.

3
운동회

"5학년 똑바로 안 해? 줄이 삐뚤어지잖아. 훌라후프 더 높이 들어라. 이러다 너희들 오늘 집에 못 간다!"

1반 선생님의 화난 목소리가 운동장을 쩌렁쩌렁 울렸.

구월이 되면서 우리는 본격적으로 10월 10일에 있을 운동회 준비를 했다. 올해는 개교 70주년 기념 운동회라 손님들도 많이 온다고 했다. 그래서 온종일 운동장이 시끄러웠다. 5학년은 훌라후프로 매스 게임을 하는데, 오늘은 수업이 끝나고 5학년 전체가 함께 모여 연습을 하는 날이었다.

'아, 대체 언제 끝나는 거야.'

수업이 끝나고 운동장에서 벌써 한 시간 넘게 훌라후프를 들었다 내렸다 던졌다 하다 보니 팔도 아프고, 다리도 아프고, 너무 힘들어 죽을 것 같았다.

"다들 집에 가서 연습해 와라. 다음 시간에도 던졌다 받는 게 안 되는 녀석들은 혼날 줄 알아. 이상 해산!"

드디어 연습이 다 끝났다.

아무래도 훌라후프 던지고 받는 연습을 해야 할 것 같았다. 안 그랬다가는 다음 시간에 5학년 애들이 다 지켜보는 가운데 1반 선생님에게 혼쭐이 날 거다.

운동장을 지나다 보니 달리기 연습을 하는 애들 틈에 경미가 보였다. 내가 손을 흔들어 인사를 하자, 경미도 반갑게 손을 흔들어 주었다. 키가 큰 경미는 달리기를 잘해서 작년에 이어 올해도 천 미터 달리기와 이어달리기 선수로 뽑혔다. 작년에 나는 백팀이고 경미는 청팀이라서 마음껏 응원을 못 했지만, 올해는 같은 청팀이라 마음껏 응원을 할 수 있어 좋았다.

"던졌다 받고, 던졌다 받고. 에이, 또 놓쳤네. 던졌다 받고, 던졌다 받고…….”

 나는 엄마가 저녁 먹으라고 부를 때까지 마당에서 계속 훌라후프를 던졌다 받는 연습을 했다.

 "뭔 연습을 그렇게 열심히 하니?"

 "잘 못하면 혼나. 근데 엄마, 이번 운동회에는 엄마가 오면 안 돼?"

 "가게 늦게 끝나잖아. 할머니 가시라고 할게."

 "아니, 할머니 말고 엄마가 오라고. 가게에서 조금만 집에 일찍 들어와서 점심때 학교에 오면 되잖아."

 나는 엄마를 도와 상을 차리면서 끈질기게 졸랐다. 엄마는 지금까지 내 운동회에 온 적이 한 번도 없었다. 그래서 나는 운동회 때 엄마랑 같이 점심을 먹는 애들이 너무 부러웠다.

 "우리 막내딸 뭘 그렇게 조르는 거야?"

 아빠가 주방으로 들어와 식탁에 앉으며 물었다.

 "지 학교 운동회에 오라고 이 야단이에요. 지 언니 오빠는 한 번도 저런 걸로 조른 적이 없는데. 얘는 대체 왜 이리 철딱서니가 없는지."

"그럼 그날 좀 일찍 가게 문 닫고 가지, 뭐. 아빠가 카메라도 들고 갈게. 됐지?"

아빠가 나를 보고 눈을 찡긋했다.

"아빠 최고! 진짜 최고!"

나는 신이 나서 아빠를 와락 껴안았다.

"아휴, 아무튼 미경이 버릇은 당신이 다 망쳐 놓는 줄 알아요. 막내라고 그냥 오냐 오냐. 지 언니 오빠 고생하면서 큰 거에 비하면 지는 호강하며 크는 줄도 모르고, 뭐든지 원하는 거는 다 해야 하니……."

엄마는 밥을 푸면서 못마땅한 듯이 말했다.

"사는 거 어려워 큰애들한테 못 해 줬어도 이제 형편 돼서 막내라도 해 줄 수 있으면 좋은 거지. 당신도 참, 별일도 아닌 걸로 그러네."

이번에도 아빠는 내 방패막이가 되어 엄마를 막아 줬다. 역시 우리 아빠는 최고다!

우리가 운동회 연습에 땀을 흘리고 있을 때, 우리나라에서 열리는 아시안 게임이 시작됐다.

"슉슉, 라이트, 레프트, 잽!"

"얍, 내 발차기 어떠냐?"

남자아이들은 복싱에서 금메달을 따면 권투 선수가 되겠다고 하고, 태권도에서 금메달을 따면 태권도 선수가 되겠다면서 쉬는 시간마다 법석을 떨었다. 그러나 금메달을 딴 선수 중에서도 가장 인기 있었던 선수는 달리기에서 금메달을 세 개나 딴 임춘애 언니였다.

"아이고 세상에, 얼마나 배가 고프고 힘들었을까?"

엄마는 임춘애 언니가 형편이 어려워 라면만 먹고 운동했다는 뉴스를 보고 마음 아파하면서 기특해했다.

임춘애 언니처럼 달리기를 잘하고 키가 큰 경미에게는 새 별명이 생겼다.

"애들이 나보고 박춘애래. 어떤 애는 나더러 너도 라면만 먹는 거 아니냐고 해. 그래서 키가 크고 달리기를 잘하는 거 아니냐고. 그런데 나도 달리기 선수가 될 수 있을까? 엄마가 그러는데 금메달 따면 나라에서 돈도 주고, 부자가 된대."

경미는 눈을 반짝이며 말했다. 이사를 하고 한동안 우울해하던 경미가 다시 예전처럼 밝고 씩씩해진 것 같아서 나도 기분이 좋았다.

10월 10일 드디어 우리 학교 운동회가 열렸다. 비가 오면 어떡하나 걱정했는데, 다행히 하늘도 맑고 덥지도 않아서 딱 운동회 하기 좋은 날씨였다. 나는 설레는 마음으로 체육복에 청색 머리띠를 두르고 학교로 갔다. 학교 앞에는 벌써 노점상들이 와서 장사 준비를 하고 있었다. 풍선 장수도 있고, 솜사탕 장수도 있고, 아이스크림 장수도 있고, 온갖 잡다한 것을 늘어놓고 파는 아저씨도 있었다.

운동장에는 만국기가 펄럭이고 있었고, 신나는 노래가 흘러나왔다. 우리는 교실에서 짧은 조회를 한 뒤에 바로 운동장 계단에 청군 백군으로 자리를 나누어 앉았다. 청군 응원 대장은 6학년 전교 회장 오빠였고, 백군 응원 대장은 전교 부회장 언니였다. 6학년 반장, 부반장 오빠 언니 들도 앞에 서서 함께 응원을 이끌었다. 그래서 아직 운동회는 시작도 안 했는데 우리는 미술 시간에 반짝이로 만든 응원 수술을 흔들며 목이 터지게 응원 연습을 했다.

"청군 이겨라!"

"백군 이겨라!"

동네 어른들도 학교 안으로 계속 들어와서 저마다 운동장 주변에 자리를 잡았다.

"개교 70주년 기념 가을 운동회를 시작하겠습니다!"

"와!"

교장 선생님의 개회 선언으로 드디어 운동회가 시작됐다.

가장 먼저 1학년 아이들이 '신랑 각시 춤'을 췄다. 고개를 이리저리 갸웃거리며 춤을 추는 1학년들이 너무 귀여웠다. 엄마 아빠 들은 사진을 찍느라 바빴다. 이어서 각 학년 백 미터 달리기가 이어졌다. 아깝게도 백 미터 달리기에서는 백군 선수들이 더 많이 일 등을 해서, 50점을 받아 갔다. 다음으로는 3학년들의 포크 댄스가 공연됐다.

빙글빙글 돌고, 서로 인사하고, 손을 맞잡고 돌았다.

"야, 우리가 저거 안 하길 정말 잘했다."

"난 저런 거 하라고 하면 아프다고 빠졌을 거야."

우리 반 여자애들이 킥킥거리며 말했는데, 나도 그랬다. 남자애들과 손을 맞잡고 빙글빙글 돌다니 정말 상상만 해도 끔찍했다.

나는 응원을 하면서도 교문 쪽을 바라보며 엄마 아빠가 오기를 눈이 빠지게 기다렸다.

천 미터 달리기가 막 시작하려 할 때쯤, 교문을 들어서는 엄마 아빠가 보였다. 교문까지 거리가 꽤 되었는데 난 엄마 아빠를 대번에 알아볼 수 있었다. 나는 화장실을 간다는 핑계를 대고 엄마 아빠가 있는 곳으로 달려갔다.

"엄마! 아빠!"

"어, 미경아, 사람이 정말 많네. 운동회에 이렇게 많이 오는 줄 몰랐네."

아빠가 사방을 두리번거리며 말했다.

"점심때 경미랑 경철이랑 같이 여기로 와. 경미네 엄마는 같이 가자고 했는데 며칠 전부터 또 허리가 아파서 꼼짝도 못 하고 있나 보더라."

보자기로 싼 도시락을 바닥에 놓으며 엄마가 말했다.

"네!"

엄마는 며칠 전에 아빠가 사 준 예쁜 치마 정장에 구두를 신고 왔고, 아빠는 결혼식 갈 때나 입는 양복을 입고 약속대로 카메라를 갖고 왔다. 엄마 아빠가 학교에 오니 나도 모르게 어깨에 힘이 들어갔다. 나는 신이 나서 다시 우리 반이 있는 곳으로 달려갔다.

드디어 천 미터 달리기가 시작됐다. 천 미터 달리기는 5학년과 6학년 중에서 대표로 뽑힌 여덟 명의 선수만 참가하는 경기였다. 그중에는 경미도 있었다.

땅!

출발 신호가 나자마자 선수들이 앞으로 뛰어나갔다. 경미는 세 번째로 빠르게 나가서 달리기 시작했다. 앞에는 6학년 오빠들이 달리고 있었다. 그런데 경미가 서서히 속도를 내기 시작하더니 6학년 오빠 한 명을 제쳤다.

"박춘애! 박춘애!"

경미네 반 아이들이 갑자기 경미 별명을 부르며 응원하기 시작했다. 그러자 청팀의 5학년 다른 반 애들까지 다 "박춘애!"라고 환호하며 경미를 응원했다. 우리 소리가 경미에게 들렸을까? 경미는 점점 더 빠르게 속도를 내더니 결승선을 바로 앞두고 백군인 6학년 오빠를 제치고 일등으로 들어왔다.

"우아, 우리가 이겼다!"

청군 아이들은 환호성을 지르고 팔짝팔짝 뛰면서 난리가 났다.

오전 경기가 모두 끝나고 점심시간이 되었다. 아이들은 뿔뿔이 흩어져서 엄마 아빠를 찾아갔다. 엄마 아빠나 가족이 오지 않은 아이들은 자기들끼리 모여 점심 먹을 준비를 했다. 나는 재빨리 경미에게 갔다.

"경미야, 우리 엄마 아빠가 너랑 경철이 데려오래. 같이 가자. 근데 너 진짜 달리기 잘하더라. 작년보다 더 잘하던데? 너희 반 애들이 '박춘애! 박춘애!'라고 응원하니까 딴

반 애들까지 다 '박춘애! 박춘애!' 하면서 너 응원했어. 너도 그 소리 들었어?"

"응, 너무 커서 들렸어. 그 소리 들으니까 더 힘이 나더라. 헤헤."

나는 경미와 함께 경철이를 찾아서 엄마 아빠가 있는 곳으로 갔다.

"아이고, 경미야, 넌 달리기 선수 해도 되겠다."

"어떻게 그렇게 빨리 달리니? 6학년들도 너한테 꼼짝도 못 하던데."

엄마 아빠가 경미에게 칭찬을 하자 경미가 활짝 웃었다.

"자, 어서들 앉아. 김밥이랑 과일이랑 음료수도 다 넉넉히 싸 왔으니까 실컷 먹어!"

밥을 먹으려는데 아빠가 내게 물었다.

"참, 미경아, 너희 선생님 어디 계시니? 학교에 왔는데 선생님께 인사를 드려야지."

나는 아빠를 데리고 선생님에게 갔다. 선생님은 부모님이 안 온 아이들과 함께 앉아서 점심 먹을 준비를 하고 있었다. 우리 반 선생님은 우리 학교에서 제일 젊은 여자 선생님이다. 교대를 졸업하고 우리 학교에 처음 왔다고 했다. 다른 선생님들보다 상냥하고 친절해서 우리 반 아이들뿐만 아니라 다른 반 아이들도 우리 선생님을 좋아했다.

"안녕하세요, 선생님. 저는 미경이 아빠입니다. 진작 찾아뵈었어야 했는데 오늘에서야 왔습니다. 우리 미경이 잘 가르쳐 주셔서 정말 감사합니다!"

아빠는 우리 담임 선생님에게 깍듯하게 인사를 하고, 박카스가 담긴 예쁜 종이 가방을 건넸다.

"아유, 정말 감사합니다, 아버님. 미경이가 말도 잘 듣고, 아이들하고도 잘 지내고, 학교생활도 아주 잘하고 있습니다."

선생님도 우리 아빠에게 인사를 하며 아빠가 준 종이 가방을 받아 들었다. 선생님과 함께 있던 아이들이 부러운 듯 나를 쳐다봐서 정말 기분이 좋았다.

점심을 먹고 다시 운동회가 시작됐다. 오후의 첫 순서는 바로 5학년 매스 게임이었다. 그동안 연습을 하도 많이 해서 잘할 자신이 있었다. 우리는 음악에 맞춰 훌라후프를 들었나 놨다 흔들고, 훌라후프 꽃도 만들었다. 나는 엄마 아빠가 지켜본다는 생각에 최선을 다해 열심히 했다. 마지막 동작은 〈아, 대한민국!〉이라는 노래의 마지막 구절 '아아 대한민국, 영원하리라~'에 맞춰 훌라후프를 높이 던졌다 받아서 양팔을 넓게 펼치며 오른쪽 무릎을 꿇고 앉는 것이었다. 훌라후프를 던졌다 받는 연습을 저녁마다 했던 나는 자신 있게 훌라후프를 높이 던졌다.

핑그르르! 툭!

앗, 망했다. 힘이 너무 들어갔는지 훌라후프가 앞쪽 아이들 사이로 떨어졌다.

빙글빙글!

떨어진 훌라후프는 마치 내게서 도망이라도 가야겠다는 듯이 줄을 선 아이들 사이로 굴러가기 시작했다. 순간 반사적으로 내 몸도 앞으로 나갔다. 내가 훌라후프를 잡기 위해 아이들 사이를 달리는 동안 다른 아이들은 훌라후프를 오른손에 들고 두 팔을 양쪽으로 벌리며 오른쪽 무릎을 꿇고 매스 게임을 끝냈다.

"와하하하!"

사방에서 웃음소리가 들렸다.

5학년 매스 게임은 나 때문에 완전히 망했다. 엄마 아빠가 처음으로 온 운동회이고, 다른 걸 하는 게 없으니 매스 게임이라도 멋지게 하고 싶었는데 이렇게 망치다니. 엄마 아빠를 괜히 불렀다는 후회가 밀려왔다.

"낄낄낄, 야, 네 훌라후프는 발 달려서 도망가는 것 같더라."

자리로 돌아오자 진영이가 내 뒤에서 낄낄거리며 약을 올렸다. 진영이 말에 다른 애들도 킥킥거렸다.

나는 고개를 들 수 없었고, 그 뒤로 어떻게 시간이 갔는지 모르겠다. 정신을 차리고 보니 어느새 마지막 경기인 이어달리기가 시작되고 있었다. 이어달리기에서도 경미의 활약은 눈부셨다. 마지막 주자로 나선 경미가 백군 선수를 추월해 청군이 승리했기 때문이다.

"박춘애!"

"박춘애!"

이제는 경미네 반 아이들뿐만 아니라 청군 전체가 박춘애를 외치며 환호했다.

나도 경미처럼 달리기를 잘하면 얼마나 좋을까? 엄마 아빠도 나를 보고 자랑스러워했을 텐데.

그런데 마지막 경기까지 하고 난 뒤에 청군과 백군의 점수가 500점 대 500점으로 동점이었다. 6학년 1반 선생님이 단상에 올라 마이크를 잡고 말했다.

"지금까지 경기 결과 청군과 백군 점수가 동점이 됐습니다. 그래서 마지막 승부를 청군과 백군의 학부모님들 줄다리기로 결정하겠습니다. 백군 학생들의 부모님은 백군 쪽으로, 청군 학생들의 부모님은 청군 쪽으로 나와 주세요. 아무래도 힘 좋은 아버님들이 많이 나오시는 팀이 더 유리하겠지요? 자, 망설이지 말고 아이들의 승리를 위해 나와 주세요!"

여기저기서 웅성웅성 야단이 났다. 그러나 선뜻 나오는 부모님이 없었다.

"야, 미경아, 너네 아빠 오셨잖아."

"빨리 가서 나오시라고 해."

아이들이 내 등을 떠밀며 말했다.

"우리 아빠 양복 입고 오셨는데……."

나는 아빠가 모처럼 입은 양복을 더럽히고 싶어 하지 않을 것 같아 망설였다.

"미경아, 저기 너희 아빠 나오신다!"

누군가 소리쳐서 보니 정말 아빠가 청팀 쪽으로 달려오고 있었다. 아빠는 작정이라도 한 듯 양복 윗도리를 벗어 두고, 바지는 걷어 올리고, 와이셔츠 소매도 둘둘 말아 접어 올린 채 달려 나오고 있었다. 아빠를 시작으로 눈치를 보던 다른 엄마 아빠 들도 나오기 시작했다.

드디어 청군 백군 부모님 줄다리기가 시작됐다. 아빠가 청군 맨 앞에서 줄을 잡고 섰다.

땅!

소리와 함께 팽팽한 줄다리기가 시작됐다.

"청군, 청군, 청군!"

"백군, 백군, 백군!"

전교생이 모두 일어나 목이 터져라 자기 팀을 응원했다.

부모님들의 줄다리기는 그야말로 막상막하였다. 한동안 양쪽 팀이 너무 팽팽해서 줄이 잘 움직이지 않았다. 멀리서 봐도 아빠가 있는 힘을 다해 줄을 당기고 있는 것이 느껴졌다. 어느 순간 청군 쪽으로 줄이 조금 당겨졌다. 그러자 백군 부모님들이 몸을 눕히고 안간힘을 쓰며 버텼다.

"영차! 영차!"

청군 부모님들은 한목소리로 외치며 더 힘차게 줄을 끌어당겼다. 그리고 마침내 백군 쪽 부모님들이 와르르 무너지며 청군의 승리로 줄다리기가 끝났다.

"우아, 우리가 이겼다!"

청군 아이들이 펄쩍펄쩍 뛰며 소리를 질렀다. 이렇게 1986년 우리 학교 가을 운동회는 청군의 승리로 끝났다.

"야, 미경아, 너네 아빠 정말 대단하더라."

"줄다리기 이긴 거, 너네 아빠가 맨 앞에서 잘 버텨 줘서 그런 거야."

우리 반 아이들은 모두 우리 아빠 덕분이라며 아빠 칭찬을 했다. 덕분에 아이들은 내가 매스 게임에서 실수한 것도 잊어버린 것 같았다.

운동회가 끝나고 나는 경미, 경철이와 함께 아빠가 사준 솜사탕을 빨면서 집으로 향했다. 매스 게임 실수만 아니었다면 그야말로 완벽하고 멋진 하루였다.

4
촌지 소동

운동회가 끝나고 며칠 동안 아이들은 여전히 운동회 이야기로 시끄러웠다. 청군과 백군 아이들은 만나기만 하면 서로 으르렁거렸다. 특히 백군 아이들은 학부모 줄다리기 때 청군 쪽에 아빠들이 더 많았다면서 그 줄다리기로 승부를 낸 건 너무 불공평하다고 투덜거렸다.

그러나 일주일쯤 지나자 운동회 이야기도 시들해졌는데, 바로 중간고사를 봐야 했기 때문이다. 중간고사라니! 개학하고 내내 운동회 준비하면서 마음이 들떠 평소보다 공부를 못 했는데 이번 시험은 완전히 망했다. 그런데 시험이 끝나고 이상한 일이 벌어졌다.

"반장, 부반장, 김정은, 이미경, 윤영철은 남아서 선생님 좀 도와주고 가라."

선생님이 시험지 채점을 할 아이들을 부르는데, 그 안에 내가 들어간 것이다.

선생님을 도와 시험지를 채점하는 일은 아이들 사이에서는 어깨가 으쓱해지는 일 중에 하나다. 그 일은 반장, 부반장, 평소에 공부를 잘하는 아이들이 했다. 그런데 이번엔 내가 거기에 들어간 것이다. 내가 공부를 못하는 건 아니었지만 5학년 때는 한 번도 채점을 해 본 적이 없었기 때문에 정말 기분이 좋았다.

시험지를 채점하는 건 별로 어려운 일은 아니었다. 당연한 거지만 내가 맡은 시험지 중에 내 것은 없었다. 내 거는 누가 할까? 반장만 아니면 좋겠는데. 나는 시험지를 받은 뒤에 반장을 흘끗 보았다.

우리 반 반장 태준이는 그야말로 모범생이다. 키는 별로 크지 않아도 얼굴이 뽀얗고 잘생겨서 마치 만화에 나오는 남자 주인공 같다. 공부도 잘하고, 피아노도 잘 치고, 그림도 잘 그린다. 시험에서 만날 백 점만 맞는 태준이가 내 시험지를 채점하면 나를 아주 한심하게 생각할지도 모른다. 태준이랑 친한 것도 아니고, 말을 해 본 적도 거의 없지만 태준이가 나를 한심하게 생각하는 건 싫다.

드디어 시험지 채점이 시작됐다. 산수를 채점하는데 100점이 나왔다. 누군가 하고 이름을 보니 역시 태준이였다. 나는 몇 점이나 나왔을까? 태준이 다음 아이의 시험지를 채점하는데 아주 쉬운 첫 문제부터 틀리더니 계속 틀렸다. 혹시 내가 잘못하는 건가? 답안을 다시 확인했는데 내가 틀리게 채점한 건 아니었다. 누군가 봤더니 우리 반 말썽꾸러기 진영이였다. 진영이는 나랑 같은 골목에 사는데 툭하면 나한테서 생선 냄새가 난다며 '생선'이라고 놀리는 진짜 말도 못 하게 얄미운 아이다. 진영이 산수 점수는 35점이었다. 매일 골목에서 애들하고 딱지치기랑 구슬치기나 하고 있으니 이런 점수를 받지. 나는 속으로 혀를 끌끌 찼다.

"자, 다들 수고했다!"

선생님은 채점이 끝나자 팩에 든 오렌지 주스를 우리에게 나눠 주었다.

나는 선생님이 준 오렌지 주스를 손에 들고 신나게 집으로 갔다. 그런데 골목에서 또 아이들과 놀고 있는 진영이와 마주쳤다. 보나 마나 또 생선이라고 부르겠지? 그러기만 해 봐. 그럼 나도 산수 점수 35점이라고 온 세상에 알리고 말 테니까! 나는 이렇게 마음먹고 진영이 곁을 지나갔다. 그런데 진영이가 이번에는 생선이 아니라 엉뚱한 말로 나를 불렀다.

"야, 촌지!"

"뭐? 무슨 소리야?"

"뭘 모른 척하냐? 벌써 소문 다 났는데."

"소문? 무슨 소문?"

"너네 아빠가 선생님한테 촌지 줬다며. 운동회 날 선생님한테 준 종이 가방에 흰 봉투도 있었다는데, 그게 촌지가 아니면 뭐겠냐?"

"뭐? 누가 그딴 소리를 해?"

"은영이가 그러던데. 걔가 운동회 끝나고 교실에 뭐 가지러 갔다가 선생님이 흰 봉투 꺼내는 거 봤대. 그래서 자기 대신 네가 오늘 채점하는 데 뽑힌 거라고 여자애들한테 떠들던데?"

나는 그만 눈앞이 캄캄해졌다. 아빠가 정말 촌지를 주었을까? 가만 생각해 보니 운동회 이후로 선생님이 내게 더 친절한 것 같았다. 운동회가 끝난 다음 날 선생님이 내게 한 말도 생각났다.

"미경아, 아버님 어머님께 박카스 주신 거 감사하다고 꼭 말씀드려라. 선생님들과 잘 나눠 마셨다고. 그런데 아버님이 미경이 널 정말 사랑하시더라!"

설마 아빠가 나를 얼마나 사랑하는지 촌지로 선생님에게 보여 준 것일까? 만약 아빠가 정말 촌지를 준 거라면 앞으로 어떻게 얼굴을 들고 다니지?

나는 화가 나서 집으로 달려갔다. 마침 엄마가 마당에서 시장에서 가져온 생선을 손질하고 있었다. 나는 씩씩거리면서 엄마 옆에 가 섰다.

"왜 그래? 학교에서 무슨 일이 있었어?"

"엄마, 운동회 때 아빠가 우리 선생님한테 돈 줬어?"

"무슨 소리야? 네 아빠가 그런 거 얼마나 싫어하는 줄 몰라?"

"그럼 흰 봉투는 뭐야? 우리 반 애가 봤다는데?"

"흰 봉투? 아, 그거, 아빠가 감사 편지 쓴 거야. 선생님을 처음 뵙는 건데 어떻게 박카스만 달랑 드리냐면서. 그런데 왜? 누가 그거 보고 촌지래?"

이번에는 엄마가 놀라서 내게 물었다.

"진짜? 진짜 편지야?"

"그럼 진짜지. 솔직히 나는 얼마라도 드려야 하는 거 아닐까 고민했거든. 그런데 네 아빠가 어떻게 내 자식만 잘 봐 달라고 그런 걸 주냐면서 펄펄 뛰더라."

"아, 다행이다."

엄마 말을 듣는 순간 나는 마음이 놓이면서 다리에 힘이 풀려 그 자리에 주저앉았다.

"왜? 누가 뭐라고 하는데?"

"아니야, 엄마. 이제 괜찮아."

나는 걱정하는 엄마를 안심시켰다.

아빠가 촌지를 준 것이 아닌 것은 다행이지만, 그럼 어떻게 해야 할까? 그냥 가만히 있으면 되는 걸까? 은영이한테 가서 따져야 하나? 나는 저녁 늦게 돌아온 언니에게 어떻게 하면 좋을지 조언을 구했다.

언니는 돈을 버느라 바쁜 엄마 대신 어린 나를 늘 챙겨 주었다. 시골에서 올라온 할머니가 엄마 대신 밥해 주고 우리를 돌봐 주었으나, 언니는 할머니가 해 주지 않는 다른 일을 해 주었다. 책을 읽어 주고 글을 가르쳐 주었으며, 내가 동네 아이들과 싸울 때면 언제든 달려와 내 편이 되어 주었다. 그래서 나는 어릴 때부터 무슨 일이 생기면 언니를 먼저 찾았다. 언니가 대학교에 들어간 뒤 데모를 하고 다니느라 바빠서 그런지 전처럼 신경을 써 주지는 않아 서운하기는 해도, 나에게 언니는 여전히 가장 든든한 사람이다.

"나라면 소문은 소문으로 잠재울 거야. 아이들이 보는

앞에서 은영이에게 우리 아빠가 준 건 촌지가 아니라 감사 편지라고 당당하게 말해야지. 그러면 그걸 본 애들이 또 소문을 내 줄 테니까."

소문을 소문으로 잠재운다!

언니가 말한 방법은 내가 전혀 상상도 하지 못한 방법이었다. 아이들이 보는 앞에서 큰 소리로 은영이에게 따지다니. 그런데 나는 그렇게 눈에 띄는 일을 하고 싶지 않았다. 그럼 그냥 은영이를 조용히 만나서 네가 오해한 거라고 할까? 은영이가 내 말을 믿어 줄까? 나는 밤늦게까지 어떻게 할까 고민하다 잠이 들었다.

다음 날 아침, 교실에 들어갔더니 수다를 떨던 은영이와 몇몇 여자애들이 나를 흘끗거리며 킥킥거렸다. 그 모습을 본 순간, 그냥 언니 말대로 해야겠다는 결심이 섰다. 소문이 돌고 돌아 졸업할 때까지 아빠가 촌지를 바친 애가 되기는 싫었다.

나는 내 자리로 가지 않고 곧장 은영이와 그 애들 앞으로 갔다. 은영이와 아이들이 눈이 동그래져 나를 쳐다봤다. 나는 교실 안 아이들이 다 들을 수 있을 만큼 아주 큰 소리로 은영이에게 물었다.

"오은영, 네가 우리 아빠가 선생님께 촌지 줬다고 말하고 다녔어?"

교실 안이 조용해지면서 모든 애들이 우리를 바라보았다.

"뭐?"

은영이가 당황한 얼굴로 나를 보았다.

"우리 아빠가 선생님께 촌지를 줘서 너 대신 내가 시험지 채점하는 데 뽑힌 거라고 했다며."

"누…… 누가 그래?"

"진영이가 어제 나한테 분명히 그랬어. 야, 박진영, 이리 와 봐."

진영이가 자기 자리에서 쭈뼛쭈뼛 우리 쪽으로 걸어왔다.

"너, 은영이가 말하는 거 분명히 들었다고 했지?"

"응, 어제 학교 끝나고 은영이랑 애들이 자기들끼리 떠

들면서 갔어. 난 그냥 뒤에 가다 우연히 들은 거야."

진영이도 당황했는지 얼굴이 빨개져 변명하듯 말했다.

"자, 똑똑히 들었지? 네가 그런 거 맞잖아."

나는 다시 은영이를 보고 물었다.

"그, 그래, 내가 분명히 봤어. 선생님이 너희 아빠가 준종이 가방에서 흰 봉투 꺼내는 거……."

은영이는 그제야 자기가 그런 말을 했다는 걸 인정했다.

"그럼 넌 그 봉투에서 선생님이 돈 꺼내는 것도 봤어?"

"아, 아니, 그건 못 봤지만……."

"그럼 흰 봉투면 무조건 다 촌지인 거야?"

"그럼 그게 아니면…… 뭔데?"

"그건 우리 아빠가 선생님을 처음 뵙는 거라서 쓴 감사 편지야. 우리 아빠는 자기 자식 잘 봐 달라고 촌지 같은 거 주시는 분이 아니야. 알았어? 그리고 선생님이 날 시험지 채점을 하게 하신 이유는 나도 몰라. 그러니까 궁금하면 네가 직접 선생님께 여쭤 봐. 왜 널 안 뽑고, 날 뽑으셨는지. 괜히 이상한 말 퍼뜨리지 말고!"

"……."

은영이는 내 말에 얼굴이 빨개져 아무 말도 하지 못했다.

은영이에게 말을 하고 나니 속은 후련했지만, 솔직히 말하면 가슴이 두근거려 혼났다.

소문은 소문으로 잠재우라는 언니의 조언은 상당한 효과가 있는 것 같았다. 학교 끝나고 경미가 내게 달려와 호들갑을 떨며 새로 퍼진 소문을 이야기해 주었다.

"야, 네가 정말 그렇게 했어? 우리 반 여자애들이 다 그러던데. 그게 사실이야?"

"응, 사실이야."

"어떻게 그런 생각을 했어?"

"언니가 소문은 소문으로 잠재우는 게 좋다고 해서."

"와, 역시! 너희 언니는 너무 멋져!"

경미 말에 나는 웃고 말았다.

경미는 우리 언니가 멋지다고 생각한다. 공부 잘해서 좋은 여대에 들어간 것도 멋지고, 나라를 위해서 데모를 하는 건 더 멋지다고 말이다. 나는 그 반대다. 오히려 가

정 형편 때문에 낮에는 일하며 야간 고등학교를 졸업해서 좋은 회사에 취직한 경순이 언니가 더 멋진 것 같다.

"우리 반 애들이 뭐라는 줄 알아? 학기 초마다 촌지 갖다 바치는 건 은영이 엄마래. 은영이는 지 엄마가 그러니까 다른 사람들도 다 그러는 줄 아는 모양이라고. 너한테 그렇게 당해서 쌤통이라고 하더라. 아무튼 잘했어!"

경미는 나보다 더 호들갑을 떨며 고소해했다.

집으로 가는 길에 골목에서 진영이와 마주쳤는데, 또 싱글싱글 웃으며 내게 다가왔다.

"야, 촌지가 아니라 다시 생선!"

도대체 얘는 유치하게 왜 이러는 걸까? 그동안은 괜히 이런 애랑 싸워 봤자 나도 똑같은 애가 된다는 생각에 참고 또 참았지만, 이제는 더 참을 수가 없었다.

"야, 너 계속 생선이라고 하면 나도 더는 못 참아."

"그럼 뭐? 네가 어떻게 할 건데?"

진영이는 내 말에 콧방귀도 뀌지 않았다.

"어떻게 할 거냐고? 네 산수 점수가 몇 점인지 사방팔

방 다 떠들고 다닐 거다. 널 부를 때마다 '야, 산수 35점!' 이라고 부를 거라고."

"뭐?"

진영이는 내 말에 얼굴이 붉으락푸르락해지더니 한 발짝 뒤로 물러섰다.

"그러니까 맨날 골목에서 어린애들 딱지나 구슬만 따먹지 말고, 공부 좀 해. 그리고 앞으로 나한테 까불지 마."

나는 씩씩거리는 진영이를 뒤로하고 집으로 돌아왔다.

5
싸움

할머니 생일이 돌아왔다. 우리 아버지는 외아들이다. 할아버지는 일찍 돌아가셨고, 할머니 혼자 아주 힘들게 아버지를 키웠다고 했다. 아버지에게는 형제도 없지만 가까운 친척도 없다. 그래서 할머니 생일 때면 동네 사람들을 불러 함께 저녁을 먹는다. 올해는 가깝게 지내던 산동네 사람들이 다 이사 가서, 경순이네하고 아빠랑 친한 쌀집 아저씨랑 정육점 아저씨가 온다고 했다.

저녁이 되자 사람들이 모두 왔고, 우리는 거실에 큰 상을 놓고 둘러앉아 할머니 생일을 축하했다. 언니도 모처럼 집에 일찍 들어와서 할머니 생일에 함께했다.

저녁을 먹고 사람들이 돌아간 뒤에 언니와 나는 엄마를 도와 상을 치웠다. 아빠는 소파에 앉아 저녁 뉴스를 보기 시작했다. 그런데 나랑 같이 상을 치우던 언니가 갑자기 놀라서 텔레비전을 쳐다봤다. 무슨 일인가 보니 텔레비전에서는 건국대에서 모여 집회를 하던 학생들이 경찰들에게 포위되었고, 학교 건물 곳곳에 흩어져 들어가서 농성을 하고 있다는 뉴스가 나오고 있었다.

"어, 우리 학교 애들이 다 저기 있는데······."

언니는 텔레비전을 보며 그대로 얼어 버렸다.

"오늘 네가 간다던 집회냐? 너무 걱정하지 마라. 그냥 저렇게 겁주고 말겠지."

아빠가 이렇게 말하며 놀란 언니를 안심시켰다.

"안 되겠어요. 아무래도 가 봐야겠어요. 나 따라서 오늘 처음으로 집회에 간 아이도 있는걸요. 만약 걔가 지금 저기 있으면 어떡해요."

언니가 자리에서 일어서며 말했다.

"가긴 어딜 간다는 거야. 경찰들이 다 포위하고 있다잖

아. 무슨 수로 저길 들어가겠다고. 아빠 말 들어. 날 밝으면 포위를 풀어 줄 거야. 설마 저 많은 애들을 다 잡아가기야 하겠냐.”

아빠가 언니를 말리고 나섰다.

언니는 아빠 말에 나가지는 않았으나 저녁 내내 불안해했고, 밤늦게까지 잠을 자지 못했다.

그러나 학생들이 무사할 거라는 아빠 말은 틀렸다. 다음 날도 경찰들은 포위를 풀지 않았고, 오히려 학생들이 도망친 건물을 봉쇄하고 물과 전기까지 끊어 버렸다. 헬리콥터를 띄우고, 물을 뿌리고, 최루탄을 쏘았다. 건국대에 있던 대학생 언니 오빠 들은 나흘 동안 버티다 모두 잡혀갔다.

“저런 죽일 놈들. 저 어린애들을 개 끌고 가듯이 끌고 가네.”

아빠도 뉴스를 보면서 치를 떨며 욕했다.

그날 밤, 언니는 얼마나 울었는지 눈이 퉁퉁 부어서 집으로 돌아왔고, 돌아와서도 자꾸 울었다. 언니를 따라 처음 집회에 갔다던 후배도 잡혔고, 친구도 심하게 다쳐 병원에 있다며 자기도 그 자리에 있었어야 했다고 자책을 하기도 했다. 언니에게는 미안했지만 나는 언니가 할머니 생일 때문에 그 집회에서 일찍 나와서 정말 다행이라고 생각했다.

다음 날 학교에 가니 진영이가 남자애들에게 건국대에서 잡혀간 대학생 언니 오빠 들을 이야기하고 있었다. 진영이는 평소에도 전경인 자기 형이 집에 다녀갈 때마다 들은 이야기를 학교에 와서 떠들곤 했다.

"우리 형이 전경이잖아. 대학생들이 화염병도 던지고 돌도 던져서 힘들어 죽겠다고 했거든. 어제 너희들도 뉴스 봤어? 대학생들 다 붙잡혀 가는 거? 아마 우리 형도 대학생들 잡으러 거기 갔을 거야."

"우리 아빠는 그 뉴스 보고 경찰이 너무하다고 하던데."

한 애가 진영이에게 말하자 진영이가 어이없는 얼굴로 그 애를 보며 말했다.

"너무하기는 뭘 너무하냐? 그 대학생들 다 빨갱이라니

까. 빨갱이!"

다른 때 같으면 그냥 그러려니 하고 있었을 테지만 오늘은 어젯밤 펑펑 울던 언니가 생각나 도저히 더 듣고 있을 수가 없었다.

"야, 말도 안 되는 소리 하지 마. 대학생들이 왜 다 빨갱이야?"

나는 고개를 돌려 진영이를 보고 소리쳤다.

"넌 또 왜 끼어드는데? 어제 뉴스에서 그랬거든."

"뉴스에 나오는 걸 어떻게 다 믿어?"

"그럼 뉴스에서 거짓말을 하냐? 아, 맞다, 너희 언니 데모하지? 언니가 데모하는 빨갱이라서 그러는 거지?"

"야, 우리 언니가 왜 빨갱이야? 너 그 말 취소 안 해?"

"왜? 너희 언니 빨갱이 맞잖아. 데모하는 빨갱이!"

진영이는 뺀질뺀질한 얼굴로 빈정거리며 약을 올렸다. 나는 더는 참을 수가 없어서 의자를 박차고 일어났다.

"박진영! 너 당장 미경이한테 사과해!"

바로 그때, 누군가 화가 잔뜩 난 목소리로 진영이에게

소리쳤다.

깜짝 놀라 누군지 보니 반장인 태준이였다. 태준이가 왜 내 편을 드는 거지? 나는 영문을 몰라 태준이를 보았다. 나만 그런 게 아니라 진영이도 어리둥절한 얼굴이 됐다.

"반장, 넌 또 왜 그래?"

"미경이 말대로 데모하는 대학생들은 빨갱이가 아니야. 네가 함부로 말했으니 사과해."

"야, 반장, 내가 그런 게 아니고, 뉴스에서 그랬다니까! 그런데 넌 왜 미경이 편을 드냐? 너 혹시 미경이 좋아하냐?"

진영이가 억울한 얼굴로 태준이를 보고 물었다.

진영이 말에 여기저기서 아이들이 웅성거리기 시작했다. 나는 나대로 얼굴이 붉어졌다.

태준이가 나를 좋아한다고? 그래서 내 편을 들고 나선 거야? 진짜?

"대학생들이 데모하는 건 우리나라 민주화를 위해서 하는 거야. 아무것도 모르면서 함부로 말하지 말라고."

태준이가 다시 진영이를 보고 말했다.

"뭐? 너 지금 내가 공부 못한다고 무시하는 거야?"

진영이는 잔뜩 골이 난 얼굴로 태준이에게 가더니 태준이 어깨를 툭 쳤다.

그러자 태준이도 참지 않고 진영이를 밀쳤고, 이내 둘이 붙어서 싸우기 시작했다. 진영이가 싸우는 거야 자주 있는 일이지만, 반장인 태준이가 누구와 싸우는 건 한 번도 본 적이 없어서 그런지 다들 멍하니 보기만 했다. 가장 먼저 정신을 차린 건 나였다.

"야, 박진영, 그만해."

나는 태준이에게서 진영이를 떼어 놓기 위해 둘 사이로 뛰어들었다.

"넌 끼지 말고 비켜!"

진영이가 화를 내며 밀쳐 내는 바람에 나는 교실 바닥에 그대로 나뒹굴었다.

"너희들 지금 뭐 하는 거야?"

그때 담임 선생님이 교실로 들어와서 싸움은 멎었다.

우리는 수업이 끝나고 교실에 남아 선생님과 면담을 했다.

"전 그냥 애들이랑 어제 뉴스에서 본 걸 이야기하고 있는데 미경이가 끼어들면서 먼저 시비를 걸었어요. 반장도 미경이 편을 들면서 저한테만 뭐라고 했고요."

진영이가 억울해하며 선생님에게 하소연했다.

"어제 뉴스에서 본 일이라니?"

선생님이 물었다.

"어제 데모하던 대학생들이 잡혀간 거요. 전 그 대학생들이 빨갱이라고, 뉴스에서 그랬다고 그냥 그 말만 했다구요."

이번에도 진영이가 먼저 말했다.

"너희들하고 아무 상관 없는 일이잖아. 대체 미경이랑 반장은 왜 그런 거야?"

선생님이 나와 태준이에게 물었다.

태준이는 입을 꾹 다문 채 말을 하지 않았다. 아무래도 내가 선생님에게 말해야 할 것 같았다. 이 싸움의 시작은 나 때문이니까. 엄마는 언니가 데모를 하고 다닌다는 이야기는 밖에 나가서 하지 말라고 했지만 지금은 어쩔 수 없었다.

"전…… 그 대학생들이 빨갱이가 아니라고 했어요. 저희 언니도 그 집회에 갔었거든요."

"뭐? 그럼 네 언니가 잡혀갔니?"

선생님이 놀라서 물었다.

"아니요, 저희 언니는 할머니 생신이라 일찍 나와서 잡혀가지는 않았어요. 그런데 언니 후배랑 친구들은 다 잡혀가고 다치기도 했대요. 그래서 어젯밤에 언니가 많이 울었어요. 선생님, 우리 언니는 빨갱이가 아니에요. 언니랑 같이 갔던 후배나 친구들도 빨갱이가 아니고요. 그래서 진영이한테 아무것도 모르면서 그런 말 하지 말라고 했어요."

"……."

선생님은 내 말이 끝났는데도 아무 말도 하지 않았다. 그러더니 이번에는 태준이에게 물었다.

"그럼 반장, 너는 왜 그런 거야?"

"전…… 어제 형이 잡혀갔어요."

태준이가 망설이다 대답을 했다.

"형? 너 맏이 아냐? 너한테 형이 있었어?"

선생님이 이상하다는 듯이 다시 물었다.

"친형이 아니라 사촌 형이요. 시골에 사는 큰아빠 아들인데 저희 집에서 대학에 다니고 있거든요. 그런데 어제 잡혀갔어요. 어제 형이 잡혀갔다는 소식에 큰엄마는 쓰러져서 병원에 가셨대요. 선생님, 저희 사촌 형도 빨갱이가 아니에요. 그래서 진영이 말에 화가 났어요."

태준이는 이렇게 말하며 눈물을 뚝 떨어뜨렸다.

내가 좋아서 내 편을 들어 준 게 아니었구나. 조금 실망스럽기는 했어도 태준이 눈물을 보니 나도 마음이 아팠다.

"……."

선생님은 태준이 말에 이번에도 아무 말 하지 않았다.

"선생님, 뉴스에서는 거짓말 안 하죠? 나는 그냥 뉴스에서 말한 대로 말한 거라고요."

진영이가 다시 억울하다는 듯이 말했다.

"뉴스에서 말하는 게 다 사실은 아니야. 우리 아빠가 그랬어. 대학생들이 군사 정부에 반대하니까 빨갱이로 모는 거라고."

태준이가 진영이 말에 반박하고 나섰다.

"그만, 그만, 둘 다 그만해. 이유가 뭐든 친구들끼리 싸우는 건 안 돼. 너희 둘은 진영이한테 사과하는 게 좋겠다. 진영이는 그냥 뉴스에서 들은 이야기를 한 거니까."

선생님이 나와 태준이를 보고 말했다.

"미안해."

나와 태준이는 어쩔 수 없이 진영이에게 사과를 했다.

"진영아, 넌 그만 가 봐라. 태준이랑 미경이는 남고."

선생님은 사과를 받은 진영이에게 먼저 가라고 했다.

"네, 선생님!"

진영이는 신이 나서 일어나 교실을 나갔다.

진영이만 먼저 보내는 걸 보니 아무래도 선생님이 나와 태준이를 따로 야단치려는 것 같았다. 그런데 진영이가 나가자 선생님은 책상 서랍을 열더니 초코파이 두 개를 꺼내 우리에게 주었다. 그리고 주전자에서 물도 따라 우리 앞에 놓아 주며 상냥하게 말했다.

"자, 이거 먹어. 오늘 토요일이라 도시락도 못 먹어서 배고프겠다."

선생님 얼굴을 보니 우리를 야단치려는 건 아닌 것 같아 마음이 놓였다.

"선생님도 데모하는 대학생들이 빨갱이라고 생각하세요?"

내가 신나서 초코파이를 먹으려는데 태준이가 선생님에게 물었다.

나도 선생님 생각이 궁금해 선생님을 보았다.

"어……."

선생님은 대답 대신 잠깐 우리 둘을 빤히 보더니 말했다.

"난 그렇게 생각하지 않아. 태준이 너희 형도 다른 학생들도 모두 무사히 나왔으면 좋겠고, 미경이 너희 언니도 데모하다 붙잡히지 않았으면 좋겠어. 너희 둘 다 언니

랑 형 때문에 걱정이 많겠지만, 그래도 앞으로는 이런 일로 교실에서 친구랑 싸우지는 마. 참, 이 초코파이 준 거는 진영이한테 비밀이다."

선생님은 마지막 말을 하며 싱긋 웃었다.

그 순간, 진영이 때문에 기분 나빴던 마음이 싹 사라지면서 웃음이 났다. 태준이도 나랑 비슷한지 살짝 미소를 지었다.

6
서울 구경

　신나는 겨울 방학이 시작됐다. 방학을 축하라도 하듯 때맞춰 함박눈도 내렸다. 나는 경미와 경철이랑 골목에서 눈을 굴려 멋진 눈사람을 만들며 신나게 놀았다. 저녁에는 만화 가게에서 빌려 온 만화책을 읽으며 뒹굴다가 엄마 아빠가 새벽 1시 30분쯤 가게에 나가는 소리를 듣고 자려고 누웠다. 그런데 막 잠이 들려는 순간, 느닷없이 전화벨이 요란하게 울렸다. 언니가 놀라서 거실로 나가 전화를 받았다.

　"여보세요? 아빠? 네? 네, 네, 알았어요. 지금 바로 챙겨서 갈게요."

나는 아무래도 심상치 않은 느낌이 들어 거실로 나갔다.

"언니, 무슨 일이야?"

"아빠 엄마가 교통사고를 당해서 지금 병원에 계신대. 난 옷가지 챙겨서 병원에 가 봐야 해."

"어떡해. 많이 다치신 거야?"

"아니야, 다행히 많이 다치시지는 않았대. 지금 쌀집 아저씨가 여기로 오신다니까, 아저씨랑 같이 병원에 다녀올게."

언니는 안방에서 옷가지를 챙겨 가방에 넣었다.

"나도, 나도 갈래, 언니!"

나는 서둘러 옷을 갈아입고 언니를 따라나섰다.

우리는 쌀집 아저씨 용달차를 타고 엄마 아빠가 있다는 병원으로 향했다. 신나는 겨울 방학을 한 날 이게 대체 무슨 일일까? 언니가 괜찮다고 했지만 아빠 엄마가 많이 다쳤을까 봐 무서웠다.

병원에 가 보니 엄마 아빠는 얼굴이 부어 있기는 했지만, 어디가 부러진 것도 아니고, 붕대를 칭칭 감고 있지도 않았다.
 "우리를 친 차도 빙판 때문에 천천히 달리고, 우리도 조심조심 갔으니 망정이지. 그러니까 내 뭐랬어? 차를 사야 한다니까. 오토바이는 위험하다고!"
 아빠는 진작 차를 샀어야 한다며 큰소리를 쳤다.
 "……."
 평소에는 우리 형편에 무슨 차냐며 반대하던 엄마가 이번에는 아무 말도 하지 않았다.

 엄마와 아빠는 이틀 동안 병원에 있다 퇴원한 다음 날 새벽에 아직도 붓고 멍든 얼굴을 한 채 시장에 나갔다. 그리고 일주일 뒤에 아빠는 차를 샀다.
 "우와! 이게 진짜 너네 자동차야?"
 경미는 우리 집에 놀러 와서 대문 앞에 딱 서 있는 차를 보고 놀라 입이 떡 벌어졌다.
 "응, 우리 집 차야."
 "좋겠다. 너네 집 진짜 부자가 됐네."

"에이, 부자는 뭐. 오토바이는 너무 위험하니까 어쩔 수 없이 사신걸."

경미에게 말은 그렇게 했지만 나도 우리 집이 진짜 부자가 된 것 같았다.

학기 초마다 가정 환경 조사를 할 때, 집에 자동차가 있다고 손을 드는 애는 60명이 넘는 반 아이 중에 몇 명밖에 없다. 그 몇 명에 내가 들어갈 생각을 하니 절로 웃음이 났다.

나는 아빠가 차를 산 뒤로 매일 오후 아빠 엄마가 수금하러 갈 때 따라갔다. 아빠 엄마는 우리 가게에서 생선을 사 간 상인들이 장사를 하는 시장으로 오후에 생선값을 받으러 간다. 그전에는 아빠가 오토바이를 타고 다녀서 따라가 본 적이 없었는데, 차를 산 뒤로는 매일 아빠 차를 타고 따라다녔다. 아빠 차를 타는 것도 좋았고, 아빠가 시장에서 사 주는 붕어빵이나 호떡을 먹는 재미도 좋았고, 아빠 차에서 내릴 때 진영이가 부러운 눈으로 나를 쳐다보는 것도 좋았다.

1987년 새해가 밝고 며칠이 지난 어느 날 저녁, 시골에 사는 외삼촌에게서 전화가 왔다.

"그래? 그럼 보내. 고모가 서울 사는데 서울 구경하는 게 뭐 어려운 일이라고. 너 바쁘면 애들만 보내면 되지. 우리가 서울역으로 마중 갈게. 우리 애들도 어릴 때 자기들끼리 기차 타고 너희 집 갔었잖아. 그래그래, 언제? 설 지나고? 알았어. 그래, 들어가라."

엄마는 전화를 끊고 영준이 오빠와 영순이가 서울 구경을 하러 우리 집에 올 거라고 이야기해 주었다.

아무래도 이번 겨울 방학에는 신나는 일이 많이 생기는 것 같다. 나는 어릴 때 오빠랑 언니와 함께 시골에 사는 외삼촌 집에 가끔 놀러 갔다. 외삼촌 집에는 나보다 네 살이 많은 영준이 오빠와 나와 나이가 같은 영옥이, 동생 영식이가 있다. 우리는 함께 메뚜기도 잡고, 개울가에서 물장구도 치고, 겨울에는 비료 포대로 눈썰매도 타며 신나게 놀았다. 그때를 생각하면 지금도 웃음이 날 만큼 좋았다. 나는 영준이 오빠와 영옥이가 오는 날을 손꼽아 기다렸다.

드디어 영준이 오빠와 영옥이가 우리 집에 왔다. 고등학생이 된 영준이 오빠는 키가 너무 커서 못 알아볼 정도였고, 영옥이도 오랜만에 봐서 낯설기는 해도 무척 반가웠다.

"너희들이 서울 처음이라 63빌딩에 가면 어떨까 싶은데?"

저녁을 먹고 아빠가 영준이 오빠와 영옥이에게 물었다.

나는 아빠 말에 깜짝 놀랐다. 63빌딩은 나도 가 본 적이 없다. 텔레비전에서 나오는 광고를 볼 때마다 얼마나 가고 싶었는지 모른다. 특히 내가 가고 싶은 곳은 수족관이었다. 나는 재빨리 아빠를 보고 물었다.

"아빠, 나는? 나도 데려가는 거지? 나도 가 본 적 없는데."

"하하, 당연히 너도 데려가지."

"진짜? 진짜지?"

"하하, 너희 덕에 우리 미경이가 신났구나. 하긴 나도 아직 가 본 적이 없어서 신나네."

아빠가 나를 보고 웃으며 말했다.

그때 영준이 오빠가 아빠를 보고 조심스럽게 말을 했다.

"고모부, 전 63빌딩 말고 꼭 가 보고 싶은 데가 있어요."

"그래? 어딘데?"

"전…… 서울대에 가 보고 싶어요."

"서울대? 거기는 왜?"

"나중에 서울대에 꼭 들어가고 싶은데, 서울 온 김에 미리 한번 보고 싶어서요."

"아이고, 우리 영준이 기특하기도 하지. 안 그래도 너 공부 잘한다고 아빠가 자랑을 엄청 하더라. 너희 할아버지가 딸들은 학교에 안 보냈어도, 아들들은 어떻게든 학교에 보내려고 했거든. 그런데 너희 아빠는 매일 학교 가기 싫다고 도망만 다녔어. 자기는 그래 놓고 네가 자기를 닮아서 공부를 잘한다고 하기에 얼마나 어이가 없던지."

엄마가 영준이 오빠 말에 웃으며 말했다.

"서울대가 여기서 멀지는 않은데, 그냥 아무나 들어가서 구경해도 되는 건지 모르겠네."

아빠는 영준이 오빠 말에 고개를 갸웃거렸다.

그때 언니가 나섰다.

"제 친구 중에 서울대 다니는 애 있어요. 제가 그 친구에게 말해서 구경시켜 줄게요."

"그래? 그럼 서울대는 미숙이 누나랑 같이 구경 가라. 난 63빌딩을 구경시켜 줄게."

"네, 감사합니다."

영준이 오빠가 활짝 웃는 걸 보니 63빌딩 구경보다 서울대 구경이 더 좋은가 보았다.

다음 날, 우리는 점심을 먹고 나서 아빠 차를 타고 여의도에 있다는 63빌딩으로 갔다. 방학이어도 매일 밖에 나가던 언니도 63빌딩을 구경하고 싶었는지 우리와 함께 갔다. 햇빛을 받아 반짝반짝 황금빛으로 빛나는 63빌딩은 정말로 거대했다. 그 앞에 서니 우리가 마치 작은 개미가 된 것 같았다.

"우와……."

우리는 모두 63빌딩 앞에서 입을 쫙 벌리고 위를 올려다봤다.

"여길 어떻게 올라가? 너무 높잖아."

영옥이가 잔뜩 겁에 질린 얼굴로 나를 보고 말했다.

"괜찮아. 무서우면 내 옆에 꼭 붙어 있어!"

나도 겁이 나기는 마찬가지였지만 그래도 명색이 서울 아이라는 생각에 큰소리를 쳤다.

우리는 아빠를 따라 빌딩 안으로 들어갔다. 아빠가 전망대로 가는 표를 끊은 뒤, 우리는 줄을 서서 기다렸다 전망대로 올라가는 엘리베이터를 탔다. 솔직히 엘리베이터도 처음 타 보는 거여서 살짝 긴장됐다.

"엄마야!"

엘리베이터가 움직이는 순간, 가슴이 덜컹하고 내려앉는 것 같았다. 내 입에서는 엄마 소리가 절로 나왔고, 너무 겁이 나 눈까지 질끈 감고 말았다.

"이 빌딩은 동양에서 제일 높은 빌딩으로……."

안내를 하는 언니가 빌딩에 대해 설명해 주는 말이 하나도 귀에 들어오지 않았다.

엘리베이터는 우리를 순식간에 63빌딩 꼭대기로 데려다주었다. 엘리베이터에서 내려서야 겨우 가슴이 진정됐다. 영옥이를 보니 마찬가지로 얼굴이 하얗게 질려 있었다.

"아빠, 애들 좀 봐요. 둘 다 금방이라도 죽을 것 같아."

언니가 우리 둘을 가리키며 킥킥거렸다.

아빠와 언니와 영준이 오빠는 곧바로 전망대 끝 창가로 갔다. 나도 따라가려는데 갑자기 영옥이가 내 팔을 붙잡으며 말했다.

"미경아, 건물이 흔들리는 것 같아."

"뭐?"

영옥이 말에 깜짝 놀라 가만히 서 있어 보니 영옥이 말이 맞는 것도 같았다. 이렇게 높은 건물이 흔들린다니, 혹시 무너지는 건 아닐까?

"너희들 여기 서서 뭐 해? 창가로 가야 서울이 보이지."

아빠가 우리에게 다가왔다.

"아, 아빠⋯⋯ 빌딩이 흔들리는 것 같, 같아."

나는 겁이 나서 아빠에게 말했다.

"아, 이렇게 높은 건물은 바람에 세게 불면 조금 흔들릴 수 있게 설계했다더라. 그래야 건물이 안 무너진대."

아빠는 별거 아니라는 듯이 대답을 했다.

"일부러 흔들리게 지었다고요? 지, 진짜요?"

영옥이가 잔뜩 겁먹은 얼굴로 아빠를 보고 물었다.

"하하하, 그렇게 무서우면 내 손을 잡고 가서 보자. 여기까지 와서 제대로 구경도 안 하고 가면 손해잖아."

아빠는 우리를 전망대 창가로 데려갔다.

전망대 창가에서는 서울이 한눈에 보였다. 아빠는 우리 집이 있는 동네를 찾아보라고 했으나 나는 빨리 내려가고 싶은 마음밖에 들지 않았다. 흔들거리는 건물 꼭대기에 있고 싶지 않았고, 얼른 내려가서 수족관도 보고 싶었다.

드디어 내가 그렇게 보고 싶던 수족관을 보러 지하로 내려갔다. 수족관은 텔레비전에서 광고로 보던 것보다 훨씬 더 멋있었다. 특히 내 마음을 사로잡은 건 펭귄들이었다.

"너무 귀여워! 어떡해!"

뒤뚱뒤뚱 걷는 그 모습이 어찌나 사랑스럽고 예쁘던지 나는 펭귄들 앞에서 한참 동안 떠나지 못했다. 63빌딩을 나온 뒤에 아빠가 사 준 자장면과 탕수육으로 저녁을 먹었다. 정말 멋진 하루였다.

다음 날은 서울대 구경을 갔다. 언니가 서울대 구경이 끝난 다음에 영준이 오빠에게 명동 구경을 시켜 준다는 말에 나와 영옥이도 따라나섰다. 서울대는 우리 집에서 그리 멀지 않은 곳에 있었다. 서울대가 있는 관악산 기슭은 우리 학교에서 한 시간 정도 걸어가면 되는데, 워낙 자주 가는 소풍 장소라 지겨울 정도였다. 다행히 이번에는 걸어가는 게 아니라 버스를 타고 가서 금방 갈 수 있었다.

"미숙아!"

학교 정문에 도착하니 기다리고 있던 언니 친구가 반갑게 손을 흔들며 우리에게 다가왔다. 그 언니 이름은 희영이인데, 나도 몇 번 본 적이 있는 언니였다.

희영이 언니는 우리를 데리고 서울대 곳곳을 구경시켜

주었는데, 걸어 다니며 구경하기에는 너무 넓어서 다리가 아팠다.

"영옥아, 힘들어 죽겠어. 오빠 때문에 이게 뭐야, 서울에 볼 데가 얼마나 많은데."

"이게 다 컴퓨터 때문이야. 아빠가 오빠한테 서울대 들어가면 컴퓨터를 사 준다고 했거든. 그때부터 서울대에 가겠다고 저러는 거야."

"그래? 컴퓨터가 그렇게 재미있는 건가?"

"그건 모르겠고, 아무튼 오빠 말로는 앞으로는 컴퓨터를 잘해야 살 수 있을 거래. 공부 좀 잘한다고 잘난 척하는 건 알아준다니까."

영옥이는 입을 삐죽이며 못마땅한 듯이 말했다.

영옥이 말을 듣다 보니 우리 오빠도 군대 가기 전에 아빠한테 컴퓨터를 사 달라고 했던 게 생각났다. 아빠는 나중에 오빠가 군대에 다녀오면 사 주겠다고 약속했다. 대체 컴퓨터가 뭘 하는 거기에 오빠들이 모두 야단일까? 나중에 오빠가 군대에서 돌아와 컴퓨터를 사면 나도 한번 봐야겠다.

언니들과 오빠 뒤를 졸졸 따라다니는데 갑자기 영옥이가 걸음을 멈추고 나에게 물었다.

"미경아, 저기 좀 봐. 너 종철이가 누군지 알아?"

영옥이가 손으로 가리키는 곳을 보니 현수막이 걸려 있는데 거기에 '우리 친구 종철이를 살려 내라!'는 문구가 적혀 있었다. 그리고 보니 우리가 있는 곳 옆에 있는 게시판에도 종철이란 사람에 대한 글이 있었다. 우리는 나란히 서서 그 글을 읽어 보았다.

"그러니까 종철이라는 오빠가 경찰에 잡혀가서 죽었다는 거지?"

"응, 책상을 턱, 하고 치니까 억, 하고 죽었대. 사람이 그렇게 죽을 수 있나?"

"경찰이 거짓말하는 거 아냐? 저게 말이 돼?"

"참, 미숙이 언니도 데모한다며? 아빠가 여자아이가 무슨 데모를 다 하냐면서 걱정하던데."

"말도 마. 그것 때문에 아빠랑 언니가 얼마나 싸웠는

데. 결국 아빠가 항복하고 말았지만. 그런데 외삼촌도 그 래? 여자아이가 무슨 데모를 하냐고? 어른들은 왜 다 그 러지? 여자아이들은 데모하면 안 되는 거야?"

"그러게. 우리 아빠는 대학도 오빠만 보낼 거래. 내 성적은 하나도 신경 안 쓰고 오빠 성적은 조금만 떨어져도 난리가 난다니까."

"뭐? 외삼촌 진짜 실망이다. 넌 가만있었어? 너도 보내 달라고 졸라야지."

"나도 그러고 싶은데 엄마 아빠가 힘들게 농사지어도 자꾸 빚만 생긴대. 엄마가 고모네처럼 우리도 진작 서울 로 떠났어야 한다고 얼마나 후회하시는데. 아빠는 엄마가 그 말 할 때마다 한숨만 푹푹 쉬고……."

영옥이는 어쩔 수 없다는 듯이 말하더니 다시 현수막을 쳐다봤다.

"그나저나 저 오빠 가족들은 진짜 슬프겠다. 서울대 갔다고 정말 좋아했을 텐데. 우리 마을에서는 누가 서울대 들어가면 사방에 축하하는 현수막도 붙고, 신문에도 나고, 군수님까지 찾아와서 축하해 주는데."

우리가 한참 심각하게 이야기를 하고 있는데, 언니들과 오빠가 우리가 있는 곳으로 돌아왔다.

우리는 희영이 언니와 헤어져 서울대 밖으로 나왔다. 그리고 이번에는 전철을 타고 명동으로 가서 이곳저곳을 구경하고, 퇴근한 경순이 언니를 만나 함께 저녁도 먹었다.

다음 날 영준이 오빠와 영옥이는 집으로 돌아갔다. 고작 사흘뿐이었지만 영준이 오빠와 영옥이가 돌아가니 집이 쓸쓸하게 느껴졌다.

영옥이는 돌아가면서 여름 방학 때 꼭 다시 놀러 오겠다고 했고, 아빠는 영옥이가 여름에 오면 용인 자연 농원에 데려가 주겠다고 약속했다. 나도 용인 자연 농원에 한 번도 가 보지 못했기 때문에 영옥이에게 여름 방학 때 꼭 다시 오라고 했다.

7
사랑의 매

6학년이 되자, 나는 경미와 같은 반이 되었다. 우리는 같은 반이 된 걸 알고 둘이 같이 손을 잡고 팔짝팔짝 뛰며 기뻐했다. 또 하나 기분이 좋았던 건 내가 좋아하는 태준이와도 다시 같은 반이 된 거였다. 물론 좋은 것만 있는 건 아니었다. 내가 싫어하는 진영이도 같은 반이 되었기 때문이다. 그러나 무엇보다 가장 끔찍한 건 바로 담임 선생님이었다.

담임 선생님은 우리 아빠만큼 나이가 많았는데, 늘 작은 막대기를 손에 들고 다녔다. 그리고 이런저런 이유로 아이들이 걸리면 그 막대기로 아이들 손바닥을 사정없이 때렸다. 또 아이들에게 말도 함부로 했다. 돌대가리 같은 말은 예사였고, 기분이 나쁠 때는 그보다 더 심한 말도 마구 퍼부었다.

또 선생님은 시험 성적에 따라 손바닥을 때렸다. 80점까지는 봐주지만 70점대는 한 대, 60점대는 두 대, 50점대는 세 대로 점수가 낮을수록 더 많이 때렸다. 나도 산수를 75점 맞아서 선생님에게 손바닥을 한 대 맞았다. 손바닥이 아픈 것보다 아이들 앞에서 창피해서 죽는 줄 알았다. 공부를 못하는 진영이는 시험을 볼 때마다 하도 많이 맞아서 불쌍할 정도였다.

"다른 건 몰라도 시험을 못 봤다고 손바닥을 때리는 건 너무한 거 아냐?"

"뭐 우리 공부 잘하라고 그러시는 거니까."

"작년에 우리 반 선생님처럼 나머지 공부를 시키면 되잖아. 그리고 머리가 나빠서 공부를 못하는 애들도 있을 수 있잖아. 그럼 그런 애들은 일 년 내내 맞아야 해?"

"글쎄, 그래도 뭐 어쩌겠어, 선생님이 그렇게 하는 걸."

경미는 어쩔 수 없다는 듯이 말했지만, 나는 아무리 생각해도 선생님이 성적 때문에 우리를 때리는 게 옳지 않다는 생각을 지울 수 없었다. 그래서 엄마 아빠에게 선생님 이야기를 하며 투덜거렸더니, 엄마 아빠는 오히려 나를 야단쳤다.

"선생님이 너희들 열심히 공부하라고 그러는 건데 뭘 투덜거려. 열심히 해서 시험 잘 보면 되지."

나는 선생님에게 작은 거라도 걸리지 않으려고 뭐든지 다 조심했고, 다른 아이들도 그랬다. 나는 교실 안 분위기가 너무 숨 막혀서 쉬는 시간이면 경미와 함께 밖으로 나갔고, 점심시간에도 최대한 도시락을 빨리 먹고 밖으로 나갔다. 다른 아이들도 마찬가지여서, 쉬는 시간이나 점심시간에 우리 반은 거의 텅텅 비었다. 담임 선생님 때문에 나는 6학년 생활이 하나도 즐겁지 않았고, 학교도 가기 싫었다.

그런데 사월 어느 날, 깜짝 놀랄 일이 벌어졌다. 선생님이 산수 쪽지 시험을 본 뒤에 성적이 나쁜 아이들을 앞으로 불러냈다. 진영이를 포함해 많은 아이가 앞으로 나갔다.

"자, 손바닥 펴고, 자기가 몇 대 맞아야 하는지 말해라."

담임 선생님이 막대기를 들고 말하자, 아이들은 울상이 되어 손바닥을 폈다.

"선생님!"

바로 그때 6학년 올라와서도 반장이 된 태준이가 손을 번쩍 들며 선생님을 불렀다.

"반장, 왜 그러지?"

선생님이 태준이에게 물었다.

"선생님, 전 시험 성적 때문에 아이들이 손바닥을 맞는 건 옳지 않다고 생각합니다."

"뭐라고?"

선생님은 태준이 말에 얼굴이 붉으락푸르락하게 변했다.

"반장, 이건 너희들을 위한 사랑의 매인데 뭐가 옳지 않다는 거지?"

선생님이 엄한 목소리로 태준이에게 물었다.

"선생님께서는 사랑의 매라고 하시지만 맞는 저희는 선

생님의 사랑을 느끼지 못하겠습니다. 작년 담임 선생님께서는 우리에게 한 번도 매를 들지 않으셨습니다. 시험을 못 보면 나머지 공부를 시키면서 잘할 수 있다고 격려를 해 주셨습니다. 그때는 저희도 선생님의 사랑을 느낄 수 있었어요. 그러나 선생님께서 때리는 사랑의 매에서는 그런 사랑을 느낄 수 없습니다."

태준이는 담임 선생님이 겁나지도 않는지 떨지도 않고 또박또박 자기 생각을 말했다.

우리는 모두 입을 딱 벌리고 태준이를 보았다. 태준이가 한 말은 우리가 정말 하고 싶은 말이었지만, 감히 선생님에게 그 말을 하는 건 상상도 할 수 없었기 때문이다.

선생님은 태준이 말에 얼굴이 굳은 채 말했다.

"너희들은 들어가고, 반장은 앞으로 나와라."

앞에 나가 있던 진영이와 아이들은 쭈뼛쭈뼛 자기 자리로 돌아갔고, 태준이가 앞으로 나갔다.

"반장, 너는 지금까지 내 사랑의 매를 한 번도 맞아 본 적이 없지? 자, 손바닥 펴라. 난 감히 선생님께 반항하는 너의 버릇없음을 사랑의 매로 고쳐 주고 싶다. 그런 내 사랑이 느껴지면 말해라. 그러면 그만하겠다."

선생님은 태준이에게 손바닥을 때리기 시작했다.

한 대!

두 대!

세 대, 네 대…… 열 대가 되어도 태준이는 입을 꾹 다문 채 아무 말도 하지 않았다.

'그냥 말해. 사랑이 느껴진다고. 거짓말이라도 해! 제발!'

나는 속으로 간절하게 빌었지만, 태준이는 묵묵히 손바닥을 맞을 뿐이었다.

선생님은 얼굴이 점점 더 벌겋게 되었고, 점점 더 세차게 태준이 손바닥을 때렸다.

착! 착!

교실 안에는 선생님이 태준이 손바닥을 때리는 소리만 들렸고, 여기저기서 여자애들이 훌쩍거리기 시작했다. 나는 더는 보고 있을 수가 없어 벌떡 일어나 선생님에게 소리쳤다.

"선생님, 제발 그만 때리세요!"

내 말에 선생님은 매질을 멈추고 매서운 눈으로 나를 보았다.

이번에는 내가 불려 나가 맞을 것 같았다. 그러나 선생님은 매를 교실 바닥에 던지더니 그대로 밖으로 나가 버렸다.

"반장, 괜찮아?"

나는 태준이에게 달려갔다.

태준이 손바닥은 벌겋게 부어올라서 톡 건드리기만 해도 터질 것 같았다.

"괜찮아. 고마워!"

태준이는 힘없이 자기 자리로 돌아갔다. 태준이는 더 이상 아무 말도 하지 않았지만, 애들은 모두 선생님이 너무한다며 야단이 났다.

그러나 태준이가 그렇게 강력하게 항의했어도 선생님은 사랑의 매를 멈추지 않았다. 오히려 더 눈에 불을 켜고 우리들의 잘못을 잡기 시작했다. 아이들은 모두 잔뜩 긴장한 채 하루하루를 보냈고, 우리 반 분위기는 그야말로 언제 터질지 모르는 시한폭탄 같았다.

사월 말 중간고사를 하루 앞둔 날, 선생님이 교무실에 간 사이에 갑자기 태준이가 앞으로 나가더니 우리에게 진짜 폭탄선언을 했다.

"나는 선생님이 우리를 부당하게 대한다고 생각해. 아마 그건 너희들도 동의할 거야. 그래서 지난번에 반장으로서 선생님께 말씀드린 건데 소용이 없었어. 그래서 이번에는 다른 방법으로 선생님께 말씀드리려 해. 내일 시험에서 나는 백지를 낼 거야. 만약 나와 뜻이 같다면 내일 나와 함께해 줘. 억지로 강요하는 건 아니야. 하고 싶은 사람만 함께하자는 거야."

"반장, 나도 할게!"

누구보다도 사랑의 매를 많이 맞는 진영이가 가장 먼저 손을 번쩍 들며 말했다.

"나도 할게!"

나도 손을 들었다.

그러자 경미도 손을 들었고, 여기저기서 꽤 많은 아이가 손을 들었다.

"중간고사에 백지를 내면 성적표는 어떡하라고……."

공부를 잘하는 애들은 대부분 망설이며 손을 들지 않았다.

"하고 싶지 않으면 안 해도 괜찮아. 같이하고 싶은 사람만 하자는 거야."

태준이는 이렇게 말하고 아무 일 없다는 듯이 자기 자리로 돌아갔다.

"태준이 정말 멋지다! 그런데 괜찮을까? 쪽지 시험도 아니고 중간고사인데 그렇게 백지를 냈다가 우리 다 큰 벌을 받는 거 아냐?"

집으로 돌아가는 길에 경미는 태준이가 멋지다고 야단법석을 떨면서도 걱정을 했다.

"중간고사니까 백지를 내자는 거겠지. 쪽지 시험에 백지 내 봤자 선생님이 콧방귀나 뀌겠어? 사랑의 매나 신나게 때리겠지."

"와, 근데 이거 너무 흥분된다, 그치? 난 가슴이 막 쿵쿵거려."

경미가 자기 가슴에 손을 얹으며 말했다.

경미만 그런 게 아니었다. 내 가슴도 쿵쿵 뛰었고, 밤에도 너무 흥분되어 잠이 오지 않을 정도였다.

다음 날 아침, 우리 교실은 정말 쥐 죽은 듯 고요했다. 일 교시가 시작되자 선생님은 국어 시험지를 나누어 주고, 선생님 책상에 가 앉았다.

째깍, 째깍!

시계 소리가 유난히 크게 들렸다.

몇몇 애들은 시험지를 받자마자 고개를 숙인 채 문제를 풀기 시작했다. 태준이는 반과 번호, 이름만 적고 바로 연필을 내려놓았다. 태준이와 함께하기로 한 아이들은 태준이를 따라 반과 번호, 이름만 적고 연필을 내려놓았다.

십 분 정도 지나자 선생님이 뭔가 이상한 분위기를 느꼈는지 고개를 들고 우리를 보았다. 그러더니 자리에서 일어나 책상 사이를 돌아다니며 우리 시험지를 보았다.

"왜 문제를 안 푸는 거지? 반장, 이게 다 무슨 일이야?"

"전 이번 시험에 백지를 내겠습니다. 선생님이 사랑의 매를 거두실 때까지 앞으로 모든 시험에 백지를 낼 거예요. 저와 생각이 같은 친구들도 백지를 내기로 했어요. 하지만 모든 책임은 반장인 제게 있습니다."

"그러니까 지금 너희들이 감히 나한테 반항을 하겠다는 거냐? 좋다, 마음대로 해라. 백지를 내는 거는 너희들 마

음이지만 그 뒤에 생기는 일도 너희들이 책임져야 할 거야! 그리고 반장, 너는 오늘부터 반장에서 해임한다. 반장이 모범을 보이기는커녕 이런 식으로 아이들을 선동하다니, 넌 반장 자격이 없다. 백지를 내는 녀석들은 부모님을 학교로 부를 테니 그렇게 알아라. 단, 지금이라도 문제를 푼다면 용서해 주겠다!"

선생님은 눈을 부라리며 우리에게 엄포를 놓았다.

선생님 말이 끝나자 시험지를 안 풀던 몇몇 애들이 시험지를 풀기 시작했다. 반대로 시험지를 풀던 아이 중에서 몇 명은 오히려 연필을 놓기도 했다. 나중에 선생님 말에 겁을 먹고 시험지를 푼 아이들은 그냥 아무렇게나 답을 적었다고 말했다. 점수는 엉망으로 나오겠지만 백지를 낸 것은 아니니 선생님이 부모님을 부르지는 못할 거란 생각에서 그랬다고 했고, 우리는 그 아이들이 그렇게 한 것을 이해했다.

그 결과 육십 명이 넘는 우리 반 애들 중에 시험지를 제대로 푼 애들은 단 세 명밖에 없었고, 그 애들을 제외한 아이들의 중간고사 점수는 0점 아니면 20점, 30점대였다. 우리 반 일은 삽시간에 다른 반으로 퍼졌는데, 다른 반 아이들은 담임 선생님에게 힘을 합쳐 대항한 우리 반 아이들이 대단하다고 했다.

백지를 낸 아이들의 부모님이 학교로 불려 왔다. 거기에는 우리 아빠도 있었다. 부모님들은 교장 선생님과 면담을 했다.

우리는 당연히 벌을 받을 거라고 예상했다. 반성문도 써서 내고, 교실이나 화장실 청소를 한 달쯤 하게 될까? 그것도 아니면 정학 같은 걸 받을까? 그런데 선생님은 어떻게 될까? 사랑의 매는 없어질 수 있을까? 우리가 이렇게 해도 소용이 없는 걸까? 우리는 초조하게 결과를 기다렸다.

그런데 우리 예상과 다른 결과가 나왔다. 담임 선생님이 다른 학교로 가고, 새로운 선생님이 우리 반에 오게 된 것이다.

"그 선생님이 작년에도 아이들을 너무 때려서 문제가

많았나 보더라. 한 아이는 병원까지 갈 정도였대. 그나저나 태준이인가, 그 애가 반장이지? 그 애 아빠도 대단하더라. 우리는 그냥 무조건 잘못했다고 하려는데, 태준이 아빠가 우리를 설득했어. 아이들이 용기를 내서 부당한 일에 대항한 건데 부모가 돼서 모른 척하면 되겠냐고. 결국 우리가 모두 교장 선생님께 항의해서 그 선생님이 다른 학교로 가게 된 거야. 그런데 넌 어떻게 그런 일을 엄마 아빠한테 한마디도 안 하고 벌이는 거야? 너도 네 언니 닮아 가는 거냐? 내 참, 우리 집 딸들은 누굴 닮아서 이렇게 용감한 건지…….”

아빠는 내게 이렇게 말을 했지만, 나를 크게 혼내지는 않았다.

그렇다고 우리가 벌을 안 받은 건 아니었다. 반성문도 써냈고, 한 달 동안 화장실 청소도 하게 됐기 때문이다. 그러나 아무도 그 일로 불평을 하지 않았고, 나의 6학년 생활은 다시 즐거워졌다.

8
유월의 거리

    우리 반에 한바탕 폭풍이 지난 뒤에, 이번에는 어른들 사이에서 폭풍이 불 것 같았다. 아빠와 쌀집 아저씨, 정육점 아저씨는 프로야구 구단인 해태 타이거즈를 응원했다. 그래서 가끔 야구장도 같이 가고, 텔레비전 앞에 같이 모여서 경기를 시청했다. 그런데 경기를 보려고 우리 집에 모인 아빠와 아저씨들은 예전과는 다른 이야기를 하며 화를 냈다.
    "해도 해도 너무하는 거지. 개헌을 한다더니 말을 싹 바꾼 거잖아. 국민이 바라는 건 싹 다 무시하고 천년만년 자기들끼리 해 먹겠다는 거잖아."

"이러니 대학생들이 허구한 날 시위를 하는 거지."

"난 애당초 기대를 안 했어. 작년에 건국대에서 대학생들 싹 잡아가는 것도 그렇고, 이번에 박종철 학생 사건도 봤잖아. 아니, 어떻게 고문했기에 죽게 만들어."

"우리도 뭔가를 해야지. 맨날 젊은 애들한테 맡겨 놓고 나 몰라라 하는 건 어른으로 도리가 아닌 것 같아."

나는 아빠와 아저씨들이 무엇 때문에 그러는지 궁금해 언니에게 물어봤다.

"지난 일월에 서울대 학생이 경찰서에 잡혀갔다 죽은 사건이 있었어. 그런데 그게 고문 때문이었다는 게 이번에 밝혀진 거야."

"혹시, 그 오빠 이름이 박종철이야?"

나는 겨울에 서울대에 놀러 갔을 때 영옥이와 봤던 현수막이 생각나 언니에게 물었다.

"맞아. 어떻게 알았어? 그것 말고도 사월에 대통령이 발표한 내용 때문이기도 해. 지금 대통령이 헌법을 고치지 않겠다고 발표했거든. 올해 말에 대통령 선거가 있는데 국민은 헌법을 다시 고쳐서 직접 선거 하기를 원하고 있어. 그런데 대통령은 내년에 열리는 올림픽 핑계를 대면서 헌법을 바꾸지 않겠다고 한 거야. 그러니까 또 자기들끼리 멋대로 대통령을 뽑겠다는 거지. 그래서 여태까지 참고 있던 어른들도 화가 난 거야."

"그렇게 옳지 않은 일에는 다 같이 힘을 모아서 싸워야 해. 우리도 그랬거든."

나는 언니 말에 고개를 끄덕이며 말했다.

"무슨 소리야? 너희가 뭘 했는데?"

나는 언니에게 우리 반에서 있었던 일을 말해 주었다.

"우와, 멋진데! 너희들 어떻게 그런 생각을 했어?"

"시작은 우리 반 반장 태준이가 했는데, 우리도 함께한 거야. 그런데 참, 언니, 태준이네 사촌 형이 지난번에 건국대에서 잡혀가서 감옥에 있대. 태준이가 그때 형 때문에 울었어."

"그래? 태준이란 애도 멋지고, 내 동생도 멋지네! 우리 때는 그냥 선생님이 때리면 아무리 억울해도 아무 소리

못 하고 맞기만 했는데."

언니는 씩 웃으며 말했다.

언니 말대로 이번에는 화가 난 어른들이 가만있지 않기로 한 것 같았다. 언니는 '민주 헌법 쟁취 국민운동 본부'가 만들어졌는데, 6월 10일 오후 6시에 전국에서 다 같이 집회와 행진을 하기로 했다고 말해 주었다.

6월 9일 저녁에 언니는 아빠에게 여러 장의 종이를 주었다. 그 종이에는 국민운동 본부에서 만든 '6.10 국민 대회 행동 요강'이 적혀 있었다.

"아빠, 이걸 아빠 시장에도 뿌려 주세요."

"뭐? 내가?"

"네, 시장 어른들도 보시면 좋잖아요."

아빠는 그 종이들을 흘끗 보면서 언니에게 물었다.

"너도 내일 나가는 거냐?"

"네, 학교에서 출정식을 하고 다 같이 나갈 거예요. 평소에는 시위 현장 근처에 얼씬도 안 하던 애들도 다 가겠다고 하는걸요."

"다치지 않게 조심해라."

아빠는 그 종이들을 들고 방으로 들어갔다.

다음 날 아침, 언니와 나는 함께 집을 나섰다.

"언니, 조심히 잘 다녀와."

"알았어. 이따 저녁에 보자!"

언니는 손을 흔들며 밝게 인사를 하고 갔다.

그런데 어쩐지 하루 종일 마음이 싱숭생숭해 학교 수업에 집중할 수가 없었다. 학교가 끝나고 집에 돌아가서도 마찬가지여서, 나는 모처럼 아빠와 엄마가 수금 가는 길을 따라나섰다.

오후 여섯 시가 될 무렵 우리는 차가 밀려서 도로 한가운데에 있었다. 아빠 차에 설치된 시계가 여섯 시를 가리켰다. 차창 밖을 보니 거리를 걷던 몇몇 사람들이 갑자기 서서 애국가를 부르기 시작했다. 그걸 보고 멈춰 서서 함께 부르는 사람도 있었고, 서서 구경하는 사람도 있었으며, 그냥 바쁘게 지나치는 사람도 있었다.

빵빵!

빵빵!

갑자기 여기저기서 자동차들이 경적을 울리기 시작했다. 사방에서 울리는 경적 소리에 정신이 하나도 없을 지경이었다.

빵빵!

아빠도 기다렸다는 듯이 경적을 크게 울렸다.

"아빠 왜 그래요?"

나는 깜짝 놀라 아빠를 보았다.

"어제 언니가 준 종이에 이러라고 적혀 있었어. 여섯 시가 되면 애국가를 제창하고, 자동차는 경적을 울리라고. 행진에 나가지는 못해도 이거라도 해야지."

아빠가 그 말을 하는 순간 또 다른 소리가 밖에서 들려왔다.

"호헌 철폐, 독재 타도!"

사람들이 손을 들고 힘껏 외치고 있었다.

나는 저녁 내내 언니를 기다렸다. 언니가 오면 내가 본

것을 다 이야기해 주고 싶었다. 그러나 아무리 기다려도 언니는 오지 않았고, 밤 열 시가 넘어 언니에게서 전화가 왔다.

"미경아, 나 지금 명동 성당에 있어."

"명동 성당? 왜?"

"그렇게 됐어. 오늘 집에 못 들어갈 거야. 경찰들이 포위하고 있거든. 아빠는 지금 주무시지? 아빠 깨우지 말고, 내일 말씀드려."

"언니, 지금이라도 도망치면 안 돼?"

"그럴 수 없어. 여기 학교 후배들도 있고, 선배들도 있어. 도망칠 수 있다고 해도 그러지 않을 거야. 미안해, 나 때문에 걱정하게 해서. 공중전화 돈이 다 됐다. 너무 걱정…… 뚜뚜뚜…….”

언니 말이 채 끝나기도 전에 전화가 끊겼다.

나는 아빠 엄마가 시장에 나갈 때까지 깨어 있다가 아빠에게 언니 이야기를 전했다.

"알았다. 너는 이만 들어가서 자."

아빠는 언니 소식을 듣고도 생각보다 담담하게 말했다.

다음 날, 나는 학교에서도 언니가 걱정돼 아무것도 할 수가 없었다. 수업이 끝나고 집에 와 보니 아빠는 보이지 않고 엄마만 있었다.

"엄마, 아빠는?"

"아빠는 명동에 갔어."

엄마 말에 나는 마음이 놓였다. 아빠가 명동에 갔으니 어떻게 해서든 언니를 데려올 거라고 생각했기 때문이다.

그러나 아빠는 저녁 무렵 혼자 집에 돌아왔다.

"아빠, 언니는?"

"언니 괜찮다. 성당 주변을 전경들이 막고 있어서 먼발치서 봤다. 어떻게든 들어가서 데리고 나올까 생각도 했는데, 미숙이가 순순히 따라올 것 같지 않고, 그렇다고 사람들 보는 데서 끌고 올 수도 없고……. 데리고 나오다 혹시 경찰한테 잡혀갈까 봐 걱정도 돼서 그냥 왔다."

언니가 무사한 건 다행이지만, 저녁 뉴스에서 또 슬픈 소식이 들렸다. 연세대에 다니는 이한열이라는 오빠가 최루탄을 맞고 병원에 있는데 생명이 위급하다는 소식이었다.
 다음 날은 경순이 언니가 퇴근길에 명동 성당에 들러 언니를 보고 왔다며 소식을 전해 주었다.
 "어제저녁에 경찰들이 농성대를 잡아가려고 했나 봐요. 그런데 신부님과 수녀님들이 나서서 막아 줬대요. 남대문 시장 상인들이 농성대한테 필요한 물건들도 보내 줬고요. 성당에서 농성하고 있던 상계동 철거민들도 농성대를 돕고 있대요. 거리에는 날마다 시위하는 사람들이 점점 더 많아지고 있어요. 우리 회사 사람들도 매일 나가요. 잡혀가는 사람이 많아도 이젠 사람들이 겁을 안 내요. 그동안 참을 만큼 참았다고, 이번에는 절대 물러서지 않을 거라면서요."
 나는 밤마다 언니가 무사히 돌아오게 해 달라고 기도했다. 또 최루탄을 맞아 쓰러졌다는 이한열 오빠도 무사히 깨어나서 집으로 돌아갈 수 있게 해 달라는 기도도 했다. 그러나 기도만으로는 내 마음이 조금도 나아지지 않았다.
 아무래도 명동에 직접 가서 언니를 보아야 할 것 같다.

내일은 토요일이라 학교가 일찍 끝나니 명동에 가야겠다. 아빠는 전경들이 막아서 성당에 못 들어간다고 했지만, 어쩌면 나는 어린애니까 들어갈 수 있을지도 모른다. 만약 그럴 수만 있다면 어떻게든 언니를 설득해서 데리고 나올 것이다. 나는 돼지 저금통 배를 갈라서 가방 속에 돈을 미리 챙겨 넣었다.

9
명동 성당

아침에 나는 학교에 가자마자 경미에게 물었다.

"경미야, 너 명동에 어떻게 가는지 알아?"

"알아, 언니랑 가 봤어. 명동은 왜? 너 혹시……."

"나 언니 만나러 갈 거야."

"가서 어쩌려고? 우리 언니가 요즘 시내는 난리라고 하던데."

경미가 깜짝 놀라 너무 큰 소리로 말하는 바람에, 경미 뒷자리에 있던 태준이가 책을 읽다 말고 고개를 들어 우리를 보았다.

"괜찮아. 설마 나 같은 어린애를 잡아가겠어?"

"아무리 그래도 거길 너 혼자 어떻게 가? 그러면 내가 같이 가 줄게."

"정말? 진짜 고마워."

나는 경미 손을 잡으며 말했다. 그런데 태준이가 우리 이야기에 끼어들었다.

"나도 같이 갈게."

"너도?"

나는 깜짝 놀라 물었다.

"응, 안 그래도 나도 시내에 꼭 가 보고 싶었어. 우리 아빠도 퇴근하고 시위하는데 나도 하고 싶다니까 위험해서 절대 안 된다고 하셔서 아쉬웠거든."

태준이까지 같이 가 준다니 마음이 한결 든든했다. 이렇게 해서 나는 경미, 태준이와 함께 명동에 가기로 했다.

우리는 학교가 끝난 뒤 함께 교실을 나와 학교 앞 공중전화에서 각자 집으로 전화를 걸었다. 경미는 우리 집에서, 나는 경미네 집에서, 태준이는 친구 집에서 놀다 간다고 거짓말을 했다. 우리는 전화를 끊고 함께 버스 정류장으로 향했다. 그런데 걷다가 어쩐지 이상한 느낌이 들어 뒤를 돌아보니 진영이가 우리 뒤를 졸졸 따라오고 있었다.

"야, 너 왜 따라오는 건데?"

나는 걸음을 멈추고 진영이에게 물었다.

"수상해서 따라왔지. 셋이서 어디 가는데?"

진영이가 우리에게 다가오며 물었다.

"우리가 어딜 가든 네가 무슨 상관이야? 따라오지 말고 가."

"그러니까 어디 가냐고? 너희 둘에 반장까지 껴서 어디 가는데?"

아무래도 진영이는 우리가 어디 가는지 알려 주지 않으면 끝까지 따라올 기세였다.

"언니 보러 명동 가는 거야. 경미랑 태준이는 위험하다고 나랑 같이 가 주는 거고."

"명동? 미숙이 누나가 명동 성당에 있다더니 만나러 가는 거야? 너희들끼리?"

"그래. 그러니까 넌 상관 말고 가."

"나도, 나도 같이 갈래."

그런데 진영이는 돌아가기는커녕 엉뚱한 소리를 했다.

나는 어이가 없어 진영이를 보았다. 데모하는 대학생들은 다 빨갱이라고 난리를 피우던 애가 왜 우리를 따라가겠다는 건지 알 수가 없었다.

"넌 왜? 데모하는 대학생들은 다 빨갱이라며?"

"그때는 내가 잘 몰라서 했던 말이야. 우리 형이 시위하는 대학생들이 빨갱이가 아니래. 자기도 명령 때문에 어쩔 수 없이 학생들을 잡기는 했는데 너무 미안했대. 그리고 우리 형 이제 전경 아냐. 지난달에 제대했어. 그러니까 나도 끼워 줘."

나는 진영이 말에 태준이와 경미를 보았다.

"같이 가자. 셋보다는 넷이 낫잖아."

태준이가 씨익 웃으며 말했다. 뭐, 태준이가 그러니 나도 딱히 반대할 수가 없었다.

우리는 명동으로 가는 버스를 탔다. 버스가 한강 다리를 건너고 몇 정거장을 지나자, 버스 기사 아저씨가 큰 소리로 안내를 했다.

"명동으로 가실 분은 다음에 서는 서울역에서 내리세요. 오늘은 시위 때문에 명동으로 가지 않습니다."

우리는 어쩔 수 없이 서울역에서 내려, 지나가는 어른에게 명동으로 가는 길을 물었다.

"저기 횡단보도를 건너 오른쪽 길을 따라 쭉 가면 회현역이라고 지하철 4호선 역이 나오는데, 거기서 왼쪽으로 가면 명동이야. 그런데 너희들끼리 명동은 왜? 거기는 지금 위험할 텐데……."

길을 가르쳐 준 아저씨가 이상하다는 듯 물었다.

"아, 아빠 만나서 남산 구경 가기로 했어요."

태준이가 서둘러 말을 둘러댔다.

"뭐? 이 시국에 남산 구경을 한다고?"

아저씨는 어이없다는 듯 우리를 보았다.

우리는 아저씨가 가르쳐 준 길을 따라 걷기 시작했다. 남대문 시장으로 향하는 길로 들어서니 사람들이 도로를 꽉 메우고 시위하는 광경이 눈앞에 펼쳐졌다.

"호헌 철폐, 독재 타도!"

시위대가 한목소리로 외치며 앞으로 나아가고 있었다.

"호헌 철폐, 독재 타도!"

인도에 서서 구경하던 사람들도, 우리처럼 걷던 사람들도 모두 시위대를 따라 구호를 외쳤다.

"이래서 버스가 못 온 건가 봐."

경미가 겁이 나는지 내 손을 꽉 잡으며 말했다.

그때 갑자기 진영이가 우리를 보고 말했다.

"저 앞 좀 봐."

앞을 보니 얼굴을 덮은 헬멧을 쓰고 방패를 든 전경들이 줄지어 서 있었다. 전경들 뒤에는 까만 차도 서 있었다. 그렇게 전경들이 막고 있는데도 시위대는 조금씩 조금씩 앞으로 나아갔다. 전경들과 시위대의 거리가 점점 가까워졌다.

탕탕탕탕탕!

갑자기 요란한 총소리 같은 것이 들렸다.

시위대가 사방으로 흩어지면서, 하얀 연기가 순식간에

거리를 뒤덮었다.

"최루탄인가 봐!"

진영이가 소리쳤다.

"엄마!"

경미는 놀라서 소리를 지르며 자리에 주저앉았다.

"콜록콜록!"

최루탄 연기 때문에 기침이 나오고, 눈이 맵고, 토할 것 같았다.

"이리 들어와요! 애들아, 너희도 이리 들어와라."

그때 길가에 있던 한 가게 문이 열리더니 누군가 소리쳤다. 우리는 주위에 있던 다른 어른들과 함께 그 가게 안으로 뛰어 들어갔다.

"콜록콜록!"

"웩웩!"

가게 안으로 들어가서도 우리는 한참 동안 정신을 차리지 못했다. 겨우 정신을 차리고 고개를 들어 보니 우리가 들어온 가게는 명함이나 도장 같은 것을 파는 가게였다.

"애들아, 물 좀 마셔라. 너희들은 왜 여기 있는 거니? 여러분도 드세요."

가게 주인아저씨가 주전자에 든 물을 종이컵에 따라 가게 안에 들어온 사람들에게 나누어 주었다.

"저기 봐요. 백골단이 시위대를 끌고 가고 있어요. 나가서 막읍시다!"

한 아저씨가 창밖을 가리키며 소리쳤다. 그러자 가게에 들어왔던 어른들과 주인아저씨가 다시 가게 밖으로 달려 나갔다. 어른들은 시위대를 끌고 가는 경찰들과 싸우며 잡혀가던 사람을 풀려나게 했다. 그사이 사방으로 흩어졌던 시위대가 다시 도로 위로 모였다.

"저 들에 푸르른 솔잎을 보라……."

사람들은 서로서로 팔짱을 끼고 도로에 자리를 잡고 앉더니, 이번에는 구호가 아닌 노래를 불렀다. 그 노래를 들으니 어쩐지 가슴이 뭉클했다.

그때 가게 문이 다시 열리며 주인아저씨가 돌아왔다.

"어? 너희들 여태 있었구나. 그나저나 너희들은 왜 여기 있는 거니?"

아저씨가 우리를 보고 물었다.

나는 망설이다 아저씨에게 사실대로 말했다.

"그게…… 언니가 명동 성당에 있어서요. 그래서 언니 만나러 명동에 가는 거예요."

"저런, 언니 걱정에 여기까지 왔구나. 그런데 보다시피 너무 위험해. 얼른 집으로 돌아가라."

"하지만 여기까지 왔는걸요."

나는 그냥 돌아가라는 아저씨 말에 속이 상해 눈물이 났다.

"미경아, 울지 마."

경미가 나를 보고 말하며 훌쩍거렸다.

나랑 경미가 울자 태준이와 진영이는 어쩔 줄 몰라 우리를 보기만 했다.

"허허 참, 그런데 너희들 점심은 먹고 온 거냐?"

아저씨가 다시 물었다.

"아뇨, 오늘 토요일이라 도시락도 못 먹고 왔거든요. 전

진짜 배고파 죽을 것 같아요."

진영이가 아저씨 말에 큰 소리로 대답했다.

"여태 점심도 안 먹었다고? 안 되겠다. 너희들 다 나 따라와라."

아저씨는 앞문이 아니라 가게 뒤쪽 작은 문을 열고 나갔다. 우리가 아저씨 뒤를 따라 나가 보니 그곳은 큰길이 아니라 남대문 시장 안쪽 길이었다. 시장에 있는 가게들은 시위 때문인지 대부분 문이 닫혀 있었다. 아저씨는 문이 열린 한 식당으로 우리를 데려가더니 수제비와 만두를 잔뜩 시켰다.

"자, 어서들 먹어. 이건 내가 사 주는 거야. 모자라면 더 시켜 줄게."

"고맙습니다!"

우리는 아저씨에게 인사를 하고 허겁지겁 수제비와 만두를 먹기 시작했다. 진영이 말대로 배가 고파 죽을 것 같았는데, 배가 부르니 좀 살 것 같았다.

"얘들아, 명동에 가 봐야 성당 안으로는 들어가기 힘들어. 그래도 가고 싶니?"

아저씨가 우리에게 물었다.

"네, 가고 싶어요."

나는 대답을 하고 아차 싶어 아이들을 보았다. 나야 언니 때문에 어떡하든 명동에 가고 싶지만 경미나 태준이, 진영이는 어떨지 걱정되었기 때문이다. 그런데 아이들 모두 나를 보고 염려 말라는 듯이 고개를 끄덕였다. 그 모습을 본 아저씨가 말했다.

"너희들이 정 가겠다면 내가 데려다주마."

"정말이세요? 그럼 아저씨 가게는……."

"괜찮다. 어차피 장사하려고 열어 둔 건 아니야. 아까처럼 시위하는 사람들 힘들 때 들어와 쉬라고 열어 둔 거지. 물론 나도 나가서 싸우고."

"정말 고맙습니다!"

우리는 아저씨에게 고개를 숙여 다시 인사를 했다.

아저씨는 남대문 시장 안쪽 길을 지나서 우리를 명동으로 데려갔다. 그런데 명동에 도착해 보니, 그곳도 사람들이 워낙 많아 길을 걷기가 힘들 정도였다.

"호헌 철폐, 독재 타도!"

그때 저 앞에서 구호를 외치는 소리가 들렸다. 그러자 사람들이 기다렸다는 듯이 환호성을 지르며 박수를 쳤다.

"농성대가 성당 앞길로 나왔나 보다. 가 보자. 잘 따라와라."

아저씨가 사람들 사이를 헤치고 앞으로 나아갔다. 우리도 아저씨를 따라 앞으로 갔다. 갑자기 아저씨가 걸음을 멈추어서 보니, 전경들이 앞을 가로막고 있었다.

"여기서 더는 못 가겠구나. 농성대가 저 앞까지 나와 있는데……."

아저씨가 우리를 돌아보고 말했다.

나는 아저씨 말에 언니 얼굴이라도 볼 수 있을까 싶어 까치발을 들어 봤으나 전경들에게 가려 보이지 않았다. 그래도 농성대가 외치는 구호는 아주 크게 잘 들렸다. 어쩐지 그 속에서 언니 목소리가 들리는 것 같아 나도 모르게 눈물이 핑 돌았다.

바로 그때였다.

"미경아! 미경이 아니니?"

내 뒤에서 아빠 목소리가 들렸다. 깜짝 놀라 돌아보니 아빠가 진짜 거기 서 있었다. 아빠만 있는 게 아니라 쌀집 아저씨와 정육점 아저씨도 있고, 경순이 언니도 있었다.

"너희들 대체 어떻게 여기에 왜 있는 거야?"

놀란 아빠가 나를 보고 물었다.

우리를 명동으로 데려온 아저씨가 아빠에게 우리를 만난 이야기를 전해 주었다. 아빠는 아저씨에게 몇 번이나 고맙다고 인사했다.

"언니 걱정은 하지 마. 어른들이 열심히 싸우고 있으니까 무사히 집에 돌아갈 수 있을 거야. 그럼 조심히 잘 가라."

아저씨는 내 머리를 한번 쓰다듬어 준 뒤에 그 자리를 떠났다.

"너희들 모두 단단히 혼날 줄 알아. 경순아, 네가 애들 데리고 먼저 돌아가는 게 좋겠다. 우리는 더 있다 갈 테니."

아빠는 경순이 언니에게 우리를 데리고 집으로 돌아가라고 했다.

"너희들 대체 겁도 없이 여기가 어디라고 너희들끼리 와? 여기저기 최루탄 터지고 난리인데 다치면 어쩌려고. 도대체 쪼그만 것들이 왜 그렇게 겁이 없는 거야."

경순이 언니는 우리를 데리고 돌아가는 길에 한바탕 잔소리를 늘어놓았다.

돌아가는 길에도 나는 시위를 하는 수많은 사람을 보았다. 언니를 만나지는 못했지만 괜찮았다. 거리에서 싸우는 수많은 사람을 보니 우리를 도와준 아저씨 말대로 언니가 무사히 집에 돌아올 수 있을 것 같았다.

10
끝과 새로운 시작

 명동에서 만난 아저씨 말대로 언니는 무사히 집에 돌아오게 되었다. 언니가 집으로 돌아오는 날, 우리 집은 무슨 잔칫집 같았다. 엄마는 언니가 좋아하는 잡채를 만들고, 언니에게 먹인다며 온갖 음식을 만들었다.
 드디어 언니가 돌아왔다.
 "아이고, 이것아."
 엄마는 언니를 보자마자 안고 울음을 터트렸다.
 언니가 돌아왔다는 소식에 쌀집 아저씨랑 정육점 아저씨도 우리 집으로 왔고, 경순이 언니도 퇴근하자마자 와서 언니가 무사히 돌아온 걸 축하해 주었다.

명동 성당 농성대가 해산한 뒤에도 사람들은 시위를 멈추지 않았다. 언니도 집에서 하루를 쉬더니 다시 학교로, 학교에서 거리로 나갔다.

6월 18일에는 최루탄 추방 결의 대회가 전국에서 열렸다.

'4.13 호헌 조치를 철회하라.'

'양심수를 전원 석방하라.'

'언론, 집회, 시위의 자유를 보장하라.'

'최루탄 사용을 중지하라.'

6월 26일에는 또다시 전 국민 평화 행진이 열렸다.

그리고 6월 29일에 대통령 직선제를 하겠다는 발표가 났다. 그 소식을 듣고 어른들이 기뻐했고, 나도 기뻤다.

"언니, 이제 다 끝난 거지? 앞으로는 데모 안 해도 되는 거지?"

나는 저녁에 집에 돌아온 언니에게 기뻐서 물었다.

"아니, 이제부터 진짜 시작일걸?"

"응? 시작이라고? 끝이 아니고?"

"끝이면서 새로운 시작이라고. 우리나라가 진정한 민주

주의 국가가 되려면 앞으로도 해야 할 일이 아주 많을 거야. 그래도 난 너무 기뻐. 작년에 건국대에서 잡혀갔던 친구들과 선배들도 모두 돌아온대."

언니는 이렇게 말하며 활짝 웃었다.

다음 날 학교에 가니 태준이가 싱글벙글 웃으며 내게 다가왔다.

"미경아, 우리 형 나온대."

태준이가 기뻐하는 모습을 보니 나도 무척 기뻤다.

그렇게 폭풍 같은 날들이 지나갔다. 이번 폭풍은 아주 거대했다. 그러나 언니는 이게 끝이 아니라 새로운 시작이라고 했다. 그럼 또 이런 폭풍이 부는 날이 있을까? 그런데 이젠 그래도 괜찮을 것 같다. 앞으로 또 어떤 일이 닥쳐도 우리가 힘을 합치면 이겨 낼 수 있다는 믿음이 생겼기 때문이다.